## Environmental Accounting

# 環境会計入門

岡　　正熙
鈴木洋一郎

税務経理協会

# はじめに

　環境の保全に関する話題が多くなっています。資源を節約する，汚染を防止する，リサイクルを促進しなければならないなどその内容はいろいろです。この背景には，産業活動によって地球の限りある資源が枯渇するおそれが高いことや大気や水，土壌などの諸環境が汚染され続けているという深刻な問題があります。

　この状況は日本だけではなく世界的な規模で発生しており，各国が協力しあって取り組もうという姿勢がサミットなどでも合意されています。

　日本では資源の効率的な活用や汚染防止およびリサイクルが効果的に実施される循環型社会の形成を目指して，法律や制度面での整備が行われています。包装容器や家庭電化製品のリサイクルに関する法律もその一部です。

　環境問題はすべての人の問題です。個人，会社あるいは政府などの公共機関それぞれがなんらかの形で環境と関係を持っています。

　しかし本書では環境問題に対する一般の会社の取り組みについて環境会計の視点から説明します。会社として環境対策を計画し実施するのは当然の責務ですが，そのためには設備投資や費用がかかります。とはいっても無制限に必要な資金が使用できるわけではなく，各会社やそれをとりまく社会との関係も勘案してどれだけの対策を講じればよいのかを戦略的に決定しなければなりません。

　ついで，対策は実施したもののその効果はどうであったかも測定しなければなりません。

環境対策のための支出と効果との関係を，金額や数量で数字的に計算できないところは補足的な説明などで示すのが環境会計の主な役割です。

環境会計に関しては会計上の基準はまだできていません。しかし会社としては基準がないから，できないでは済みません。それだけの費用を使ったのですから，その内容と効果などを株主をはじめ利害関係者に公表して納得を得なければなりません。また環境会計の結果を開示すれば，これだけのことはやっているということが明確になり，企業イメージの向上にも役立ちます。

環境会計を開示する会社が2000年頃から急激に増加しています。それまでは一部の会社が環境に関する経営理念や方針を開示するために環境報告書を出していました。その中の一部として環境会計が掲載されています。

前述のとおり会計についての基準はまだ確立されていませんが，環境庁（2001年より環境省）がガイドラインを出しておりこれに従っている会社が多いようです。

会社によって処理や開示の違いもありますが，その考え方や経営方針がわかるとともにその会社を評価する材料ともなります。

これから報告のあり方についても逐次改定がされていくと予想されますが，現状のままでも各社とも緊急の課題として検討が必要なことです。

環境問題は大企業に限られた問題ではありません。中堅・中小企業としても自社の経営の実態に即して，どのような施策が必要かを判断して計画を立てるとともに環境会計も考えなければなりません。

本書では，環境会計のあらましについてポイントをわかりやすく説明してあります。すでに実施している会社の事例も豊富に取り入れて，そ

れぞれの特徴についてもわかる範囲で分析しました。

　環境会計をどう見ればよいかを知りたい方やこれから制度を導入しようとしている会社の関係者の方々のお役に立てれば幸いです。

　なお，本書の出版にあたり，各企業の環境報告書を参考にさせていただきましたので，ここにお礼申し上げます。

2001年1月

岡　正熙

鈴木　洋一郎

はじめに

# 第1章 環境会計って何？ …… 1

- 1 環境会計のあらましを知る 2
- 2 会社は環境問題にこのように取り組んでいる 6
- 3 環境会計を理解するために環境報告書を読む 10
- 4 環境会計と財務会計との違い 12

# 第2章 環境報告書のここに注目する …… 15

- 5 環境報告書とはこんなもの 16
- 6 環境報告書の内容はこうなっている 18
- 7 会社と環境問題とはどう関連しているか 24
- 8 会社が環境に及ぼす影響は 26
- 9 会社の環境に対する基本的な考え方を知る 28
- 10 開示されている情報は 30

| 11 | 環境対策として会社は何をやっているか　32 |
| 12 | 環境保全対策のあらましを知る　34 |
| 13 | 社会貢献活動はどう行われているか　36 |
| 14 | 環境保全対策は会社内部だけの問題ではない　38 |
| 15 | 汚染対策はどう行われているか　40 |
| 16 | 省エネルギー対策はどう行われているか　42 |
| 17 | リサイクルなどの動きを見る　44 |
| 18 | 環境関連製品の開発はどう行われているか　46 |
| 19 | 教育はどう行われているか　48 |
| 20 | 投資・費用は十分か　50 |
| 21 | 環境対策の成果がよくわかる　52 |
| 22 | 環境報告書の内容は十分か　54 |
| 23 | ISOとの関連を見る　56 |
| 24 | ISO14001とはこんなもの　58 |
| 25 | ISO14001取得の現状と今後の課題　62 |

## 第3章　環境会計とはこんなもの　65

| 26 | 環境報告書では会計関連の事項も報告される　66 |
| 27 | 環境会計とはこんなもの　68 |
| 28 | 環境対策に関連する費用と効果を抜き出す　70 |
| 29 | 一般の財務会計との違い　72 |
| 30 | 内部環境会計と外部環境会計がある　74 |
| 31 | 内部環境会計と外部環境会計の結びつき　76 |
| 32 | 会社に直接関係がない費用や収益もある　80 |

## 第4章 環境会計報告書を見るポイント……………83

- 33 会社は外部に環境会計を開示・説明の義務がある　84
　　―アカウンタビリティー―
- 34 重要な会計方針　86
- 35 環境会計で求められる情報の条件　88
- 36 企業活動が環境に与える影響―環境負荷　92
- 37 環境負荷を把握する　94
- 38 費用には内部費用と外部費用とがある　96
- 39 環境対策の費用はこう計算する　98
- 40 環境対策の効果を見る　104
- 41 環境庁が示す効果の表示基準　106
- 42 仮定的な計算による効果も含まれる　110
- 43 内部管理と外部環境会計　112
- 44 財務会計と環境会計　114
- 45 環境問題の関わるリスクとは　116
- 46 リスクへの対応はこう行われている　118
- 47 リスク対策の実施状況をチェックする　120

## 第5章 さらに詳しく環境会計を知る……………125

- 48 環境会計に関する経営方針は明確か　126
- 49 導入のプロセスは明確にされているか　128
- 50 予算制度が確立されているか　130
- 51 コストの計算は合理的に行われているか　132

- 52 費用対効果の説明は納得できるか　134
- 53 監査，証明などはどう行われているか　136
- 54 費用の認識と具体的な項目　138
- 55 効果の測定はこのように行う　140
- 56 業種や会社ごとに違う処理に注意する　142

## 第6章 環境会計の事例 …………………………………………145

- 57 リコーの環境会計　146
- 58 富士通の環境会計　160
- 59 シャープの環境会計　164
- 60 アサヒビールの環境会計　168
- 61 ＮＥＣの環境会計　172
- 62 トヨタの環境会計　176
- 63 イトーヨーカ堂の環境会計　178

# 第1章 環境会計って何？

❁ 1990年代以降，環境問題が身近な深刻な問題として論議されるようになってきました。

各種の会社が行う活動によって，限りある資源の枯渇や環境汚染が発生しそれが社会や生活の安全を脅かす結果となっています。さらにこの問題は一般の民間会社だけでなく，国や地方公共団体その他の公共機関によっても引き起こされています。

該当する諸団体は，環境に対してみずからが与えている悪影響を排除または軽減しようとして，いろいろな対策を講じています。

この問題は単に日本だけに止まらず，世界規模のものとなっています。サミットなどでも議題として取り上げられ，各国の協調によって解決しようという合意もなされています。

環境会計は，これらの諸企業や団体の環境侵害への対策と，その効果とを数量的に把握しようとするものです。

環境会計はやっと始まったばかりです。会計の基準もないし，具体的な事例も一部の大企業を除けば多くありません。環境庁が発行している環境会計のガイドラインが参考になりますが，まだこれから修正したり追加することがかなり出てきそうです。

しかし，これを知らないと会社が何をやっているかがわからないし，正しく評価することもできません。

本書では，現在の時点で一般の民間企業の環境会計への取り組みやその開示をどのように読み取るかを中心に説明します。

Environmental Accounting

# 環境会計の あらましを知る

　会社が行う生産，販売やその他の活動が，限りある天然資源の枯渇や大気，水質，土壌の汚染および騒音・振動などによる生活の安定や社会基盤の損傷をもたらします。かつては，これらの被害は一部の地域に限られた公害という形で発生していましたが，現状では経済活動が巨大化し，技術の進歩もあって生産・消費活動も莫大なものとなったため，環境への悪影響（環境負荷）もかつてないほど広範で，しかも規模の大きいものとなっています。

　会社としては，当然環境負荷を低減するための諸施策を実施しており，基本的な経営理念として掲げています。会社が実際にこれまでそのようなことを行い，その効果はどうであったかは一部の大企業を除けばこれまであまり一般には開示されていませんでした。

　会社の環境問題への取り組みやその成果は一般にはその会社が発行する環境報告書で示されます。環境報告書を発行する会社は1999年まではまだ大手企業でもほんの一部でしたが，2000年度になってから急激に増加してきました。環境への会社の方針を知りたいという社会の要請を反映した結果ともいえますし，環境庁が環境会計に関するガイドラインを1999，2000年に連続して発表した影響もあります。それよりも重要なのは，環境報告書も出していない会社は社会的な信用も落ちるでしょうし，格付けは下がり，株価も下落するだろうという見通しもあるからです。

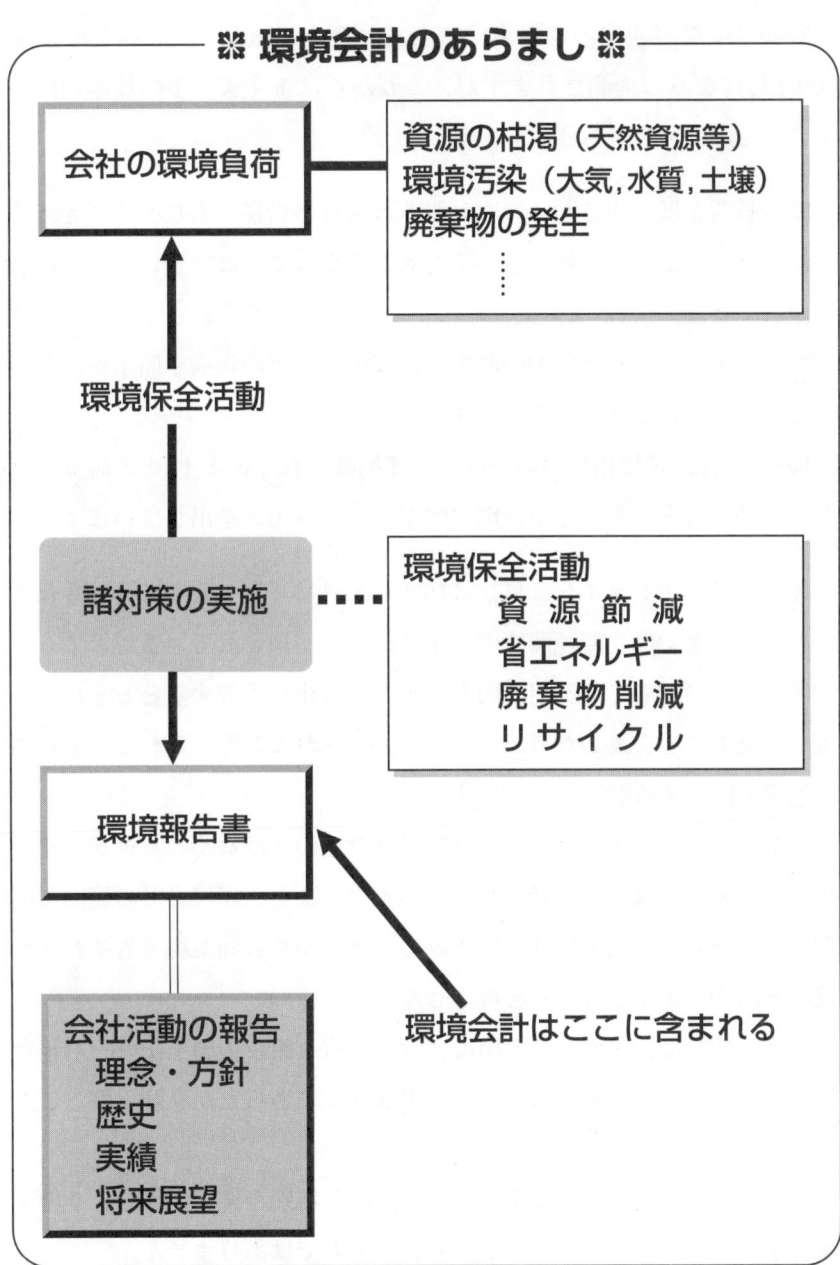

2000年に環境報告書を発表する会社は全上場企業３千数百社のうち200社超になると推測されますが，これからはますますその数は増加していくものと考えられます。

　環境負荷を低減するための取り組みは会社の責任であり，これさえろくにできないような会社とは，まともな取引はできないということになりかねません。これは大企業だけに止まらず，中小企業にも求められます。

　なお，米国やＥＵその他の諸国では環境報告書の作成や開示が義務づけられているところが増えています。

　環境会計は，環境報告書の一部として掲載されています。まだ確立された会計基準はありませんが，環境庁がガイドラインを出しています。

　環境庁のガイドラインは最初は1999年３月に「案」として発表されました。この案では，環境関連の費用の捉え方が示されているだけでした。2000年５月の発表では費用の内容をより細分化，整理するとともに，対策への効果にも言及したガイドラインが示されました。これで一応費用と効果も開示する形となっています。

　しかし，このガイドラインは強制されたものではなく，会社が任意に作成，発表すればよいことになっています。また，環境会計の範囲や内容および発表の様式も各社に任されていますから，同業種でもそれぞれ違いが出てくることはやむを得ません。

　重要なことは，まず会社の環境会計への取り組み姿勢を知り，対策費用としての支出はいくらで，その効果はどうであったかを読み取ることです。

　環境会計は，後で述べるようにいろいろと特別な要素があり，そのまま数字だけ見れば，すべてわかるというものではありません。

## ❀ 環境会計制度の現状 ❀

第1章 環境会計って何?

**環境会計制度**

**確立した会計基準はまだない**

↓

**一部の会社では実施している** ── **会社によってばらばら**

費用・収益の区分,
算定費用のみの開示も

↓

よりどころ
環境庁　中間とりまとめ　1993年3月＊

↓

2000年報告　2000年3月＊＊
さらに補充が必要

→ 実施しないと世界に取り残される

＊　　環境保全コストの把握及び公表に関するガイドライン（中間とりまとめ）
＊＊　環境会計システムの確立に向けて（2000年報告）
　　　環境会計ガイドブック（参考資料）

#  会社は環境問題にこのように取り組んでいる

　環境負荷のどこに重点を置いて対策を講じるかは，会社の業種や規模によってそれぞれ異なります。製造業や流通業か，あるいはサービス業もしくは建設業かの違いもあれば，それぞれが取り扱う商品でも内容が変わります。

　各社は自社の環境負荷を正しく調査・認識してもっとも適切な方針を立て行動に移しています。

　重点項目ごとに見るとまず原材料です。資源の枯渇を防止するために原材料の削減をしたり，代替の原材料を検討します。

　次に省エネルギーです。資源消費とも関係しますが，効率的な生産や販売活動で効率を上げるとともに，新エネルギー（太陽，風）の採用や新供給システム（コージェネレーションなど）を開発します。

　さらに廃棄物の削減です。産業廃棄物の削減は会社の緊急の課題です。廃棄物ゼロとするゼロ・エミッションが注目されています。

　有害の化学物質の使用削減もあります。炭酸ガスやSOx，NOxを発生させるもととなる物質の使用をなくすための研究開発が進められています。

　これらの対策が相乗的に効果を発揮して，資源の有効活用や汚染の防止に役立ちます。リサイクルもその1つです。今までは廃棄されていた部品や廃材あるいは使用済み商品でも，回収して再び資源として活用し

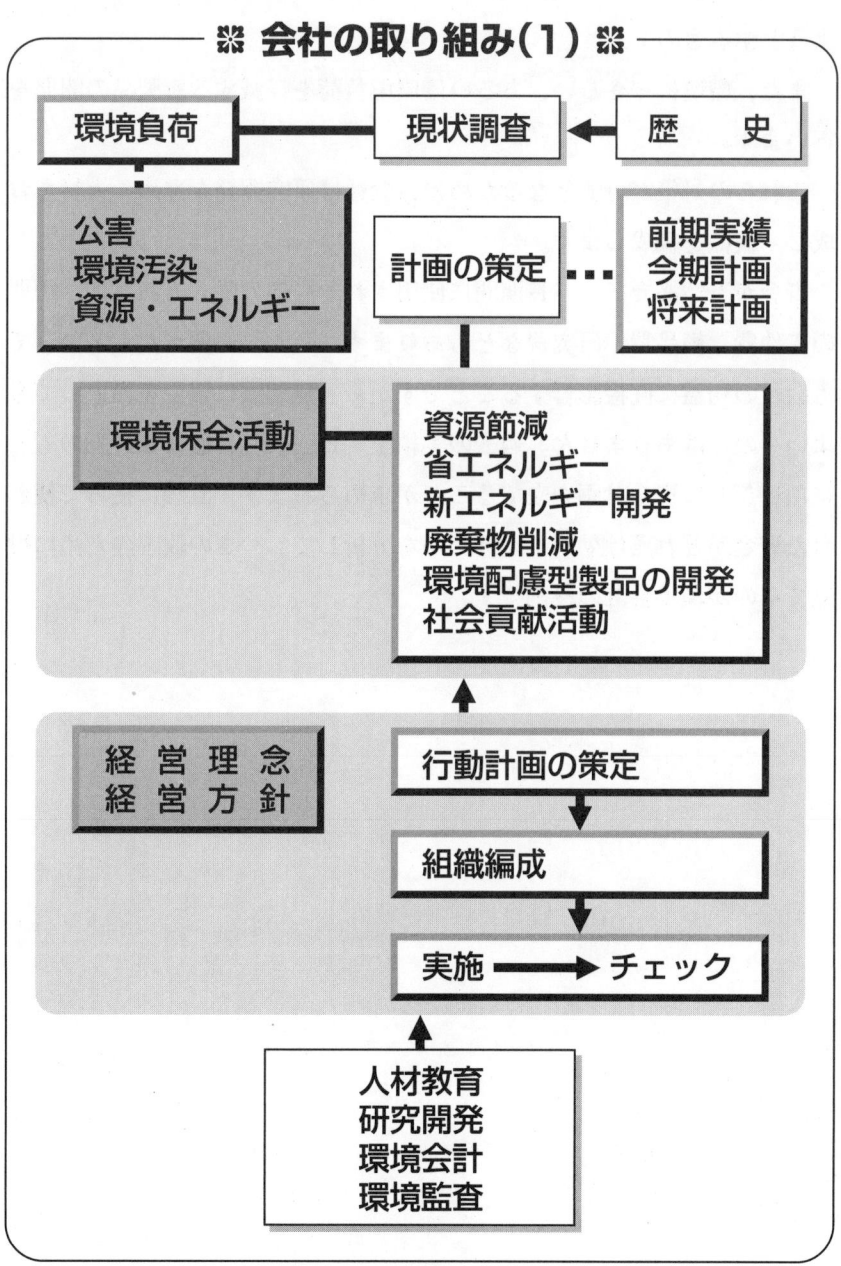

ようとするものです。

　また，環境にやさしい，あるいは環境負荷を軽減する新製品の開発を行います。

　これらの対策が可能となるために，会社は研究開発を進め，人材を育成し，組織を編成します。

　資金が当然必要です。長期間に使用される設備の購入もあれば，短期の人件費，備品費，研究費などもあります。しかし必要だからといっても会社の利益に直接影響することですから，無制限に資金を投入してもよいものではありません。過去の実績をレビューし，適切な計画のもとに項目ごとに資金計画を立てることが求められます。計画に従って使われた資金がどれだけ効果を上げたかを分析して，つぎの改善のために役立てるのが環境会計の役割です。

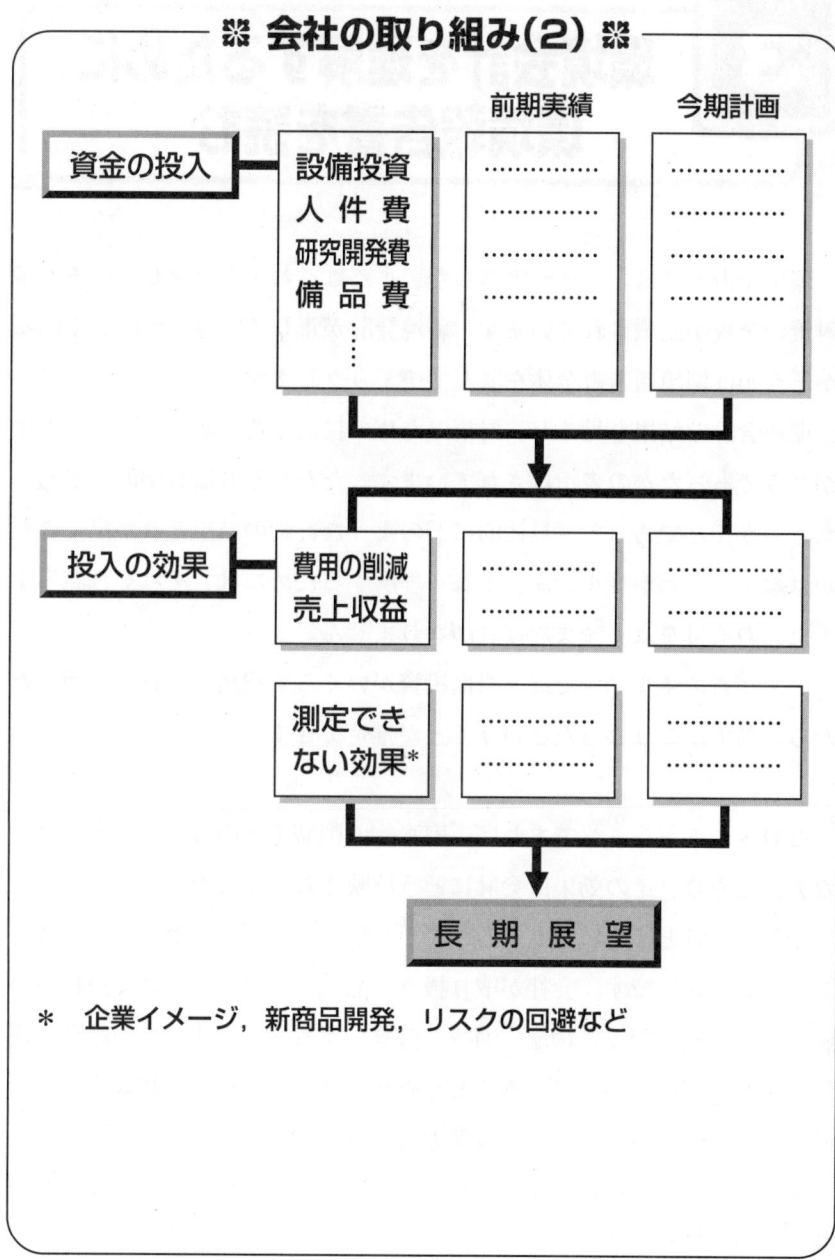

# 環境会計を理解するために環境報告書を読む

　環境報告書には、会社が実施した、またはこれから予定している環境対策の全貌が記載されています。環境会計が正しく実態を反映しているかどうかは環境報告書全体を読んでチェックします。

　環境会計の結果を見ると、対策のための投資や費用がいくらで、効果がどうであったかの表示はされています。ただしそれは数字的に表わしたということであって、具体的にどのような行動の結果それが出てきたかはなかなかわかりません。それを理解するためには、それぞれ該当するための項目をよく読まなければなりません。

　例えば省エネルギーでは、設備投資がいくらで費用をこれだけ使ったから、効果がこうなったということが推定できます。

　ゼロ・エミッションであれば、廃棄物の削減をどの段階で、どのような方法でやり、その効果は会計にどう反映されているかです。

　全体の方針と実施状況を知る手がかりはライフ・サイクル・アセスメント（LCA）です。会社が取り扱う商品やサービスについて原材料の購入から生産、販売、物流、消費、廃棄に至るまでのすべての段階で環境対策が適切に行われていることを確かめます。原材料を購入する前や商品を販売した後など前後の段階も含まれます。

　環境会計の項目だけを見て、費用よりも収益が多いからよいなどと判断するのは禁物です。

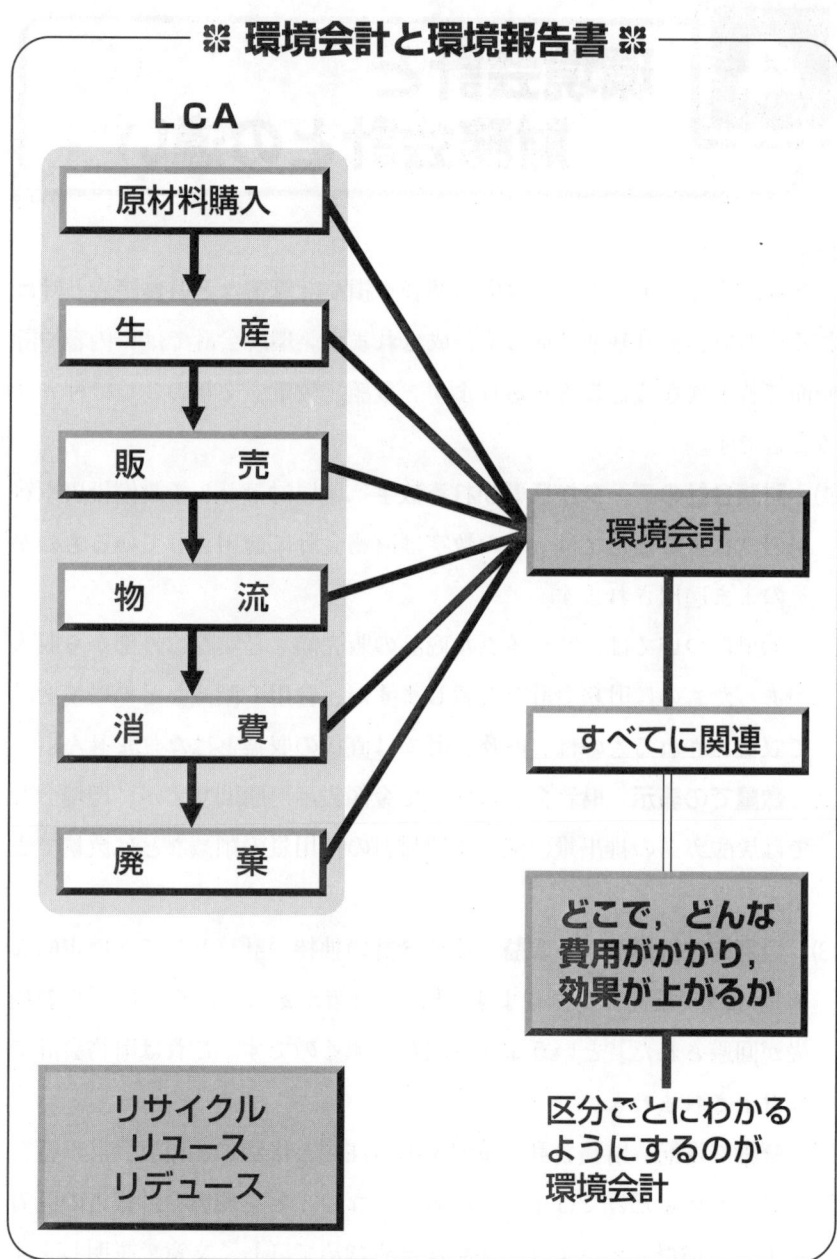

# 環境会計と財務会計との違い

　会社の決算を示すのは，貸借対照表や損益計算書など財務諸表と呼ばれるもので，会計基準に従って作成されます。環境会計では，内容や評価面で若干異なるところがあります。金額，数量，文章の3つで押さえることです。

(1) **財務会計のデータから導かれる数字**　環境対策として設備投資や費用の支払をしたときは，その数字は財務会計に適用されているものがそのまま適用されます。

　効果については，リサイクル商品の販売額など実際に外部から収入があったものは財務会計と合致しますが，費用の削減などの環境会計で収益とされるものは，財務会計では直接の収益とはなりません。

(2) **数量での表示**　財務会計はすべて金額表示が原則ですが，環境会計では炭酸ガスの排出量の減少や原材料の使用量の削減などは数量で表示されます。

(3) **仮定的な計算による収益**　環境会計の独特の計算として，仮定的な前提での収益計算があります。「この対策があったから，いくらの損失が回避された」という金額を収益とするのです。これは財務会計では計上されません。

(4) **詳細な注記**　財務会計の重要事項の注記とは別に，環境会計に特有の金額や数量だけでは十分いい表わせないことを環境会計報告の読者が十分に納得できるように注記なども含めて詳しく文章で説明します。

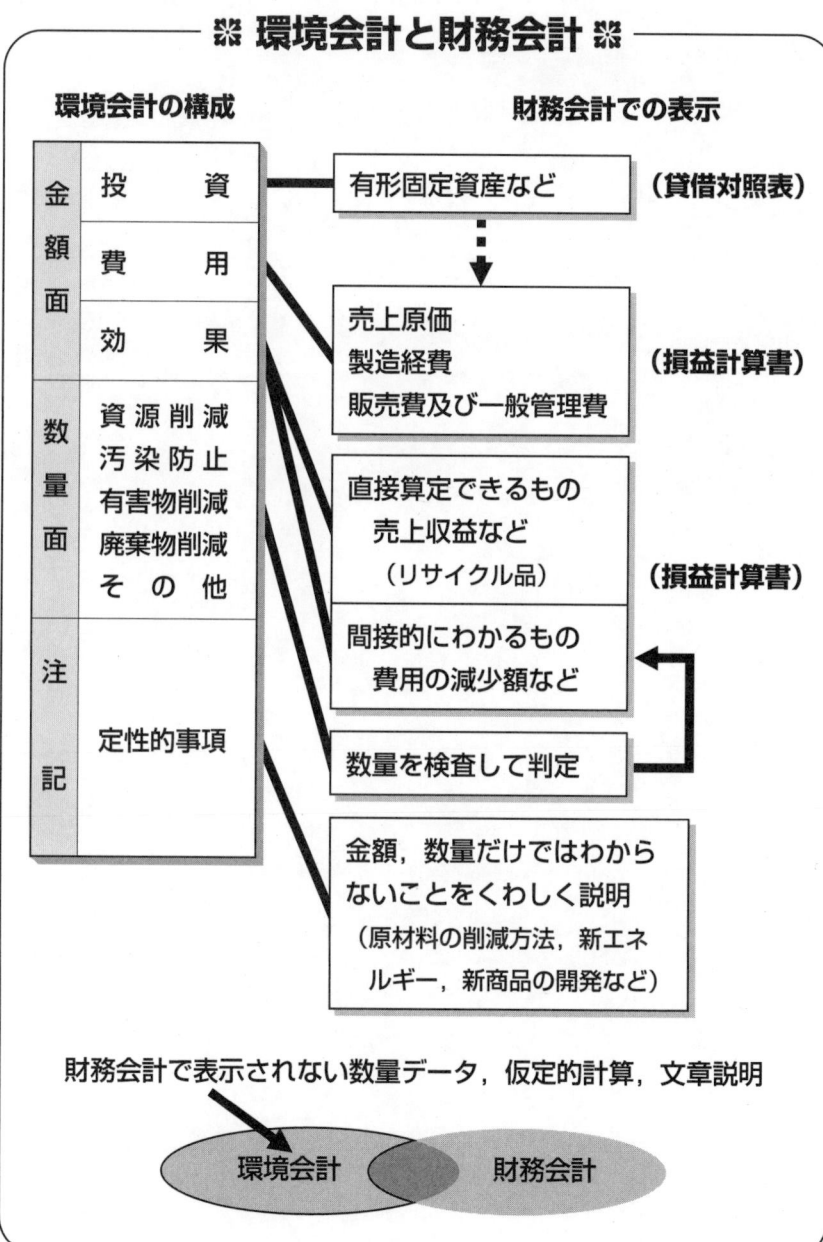

# 第2章 環境報告書のここに注目する

※ 環境報告書を開示する会社が，日本でも増加してきました。環境への関心が高まる中で，『わが社はこういう経営理念のもとで環境対策を実施している』という内容が詳しく説明されています。

環境報告書は作成・開示が義務づけられたものではありませんが，会社のPR，イメージアップのためには重要な役割を果たしています。

環境会計に関する報告もその一部として取り上げられています。ただし，まだ会計基準がはっきりしていないため，十分でないところもあります。

環境庁の2000年報告では環境保全対策に関する費用と効果の内容について説明されたので，2000年度の各社の環境報告書ではこの報告に添った報告をしているようです。

その事例については後に説明しますが，ここでは，環境会計の基礎となる環境報告書に書かれていることの概略について説明します。

環境報告書の内容すべてがなんらかの形で環境会計制度と関連しているといえます。

Environmental Accounting

## 環境報告書とはこんなもの

　環境報告書とは，会社が環境との関わりにおいてどんな位置づけにあり，環境保全対策として何をやっているかを包括的に示した外部開示用の資料です。欧米の主要な国々では，環境報告書を作成してしかるべき認定機関の認証を受けることが義務づけられているところもあります。昨年度までは報告書を公表していたのは数十社くらいではないかと推定されますが，2000年にはかなりの数に上りそうです。

　環境報告書が取り扱っている内容は環境対策全般にわたるものですが，その中には環境会計に関することも当然含まれます。環境庁が1999年に環境に関する費用の計算についてのガイドラインを発表した後，さらに2000年3月の報告で費用に対する効果の計算についての報告を発表したことが環境報告書の作成を加速しそうです。

　環境報告書を読むと，会社が環境に対してどんな経営理念を持っていて，環境保全や改善のために何をやっているかを知ることができます。現在直面している地球規模での環境問題に対処するために，会社が果たすべき責務は極めて重大です。環境に対して適切な配慮のもとに，対策を継続的に行っている会社が優良企業の条件になるといえます。

　環境報告書は現在は法律などで作成が義務づけられていませんが，近い将来には作成が強制されることになるとも予測されます。

　本書は環境会計について取り扱いますが，そのもととなるのは環境問題の全般ですからここで報告書の構成や内容を俯瞰しておきましょう。

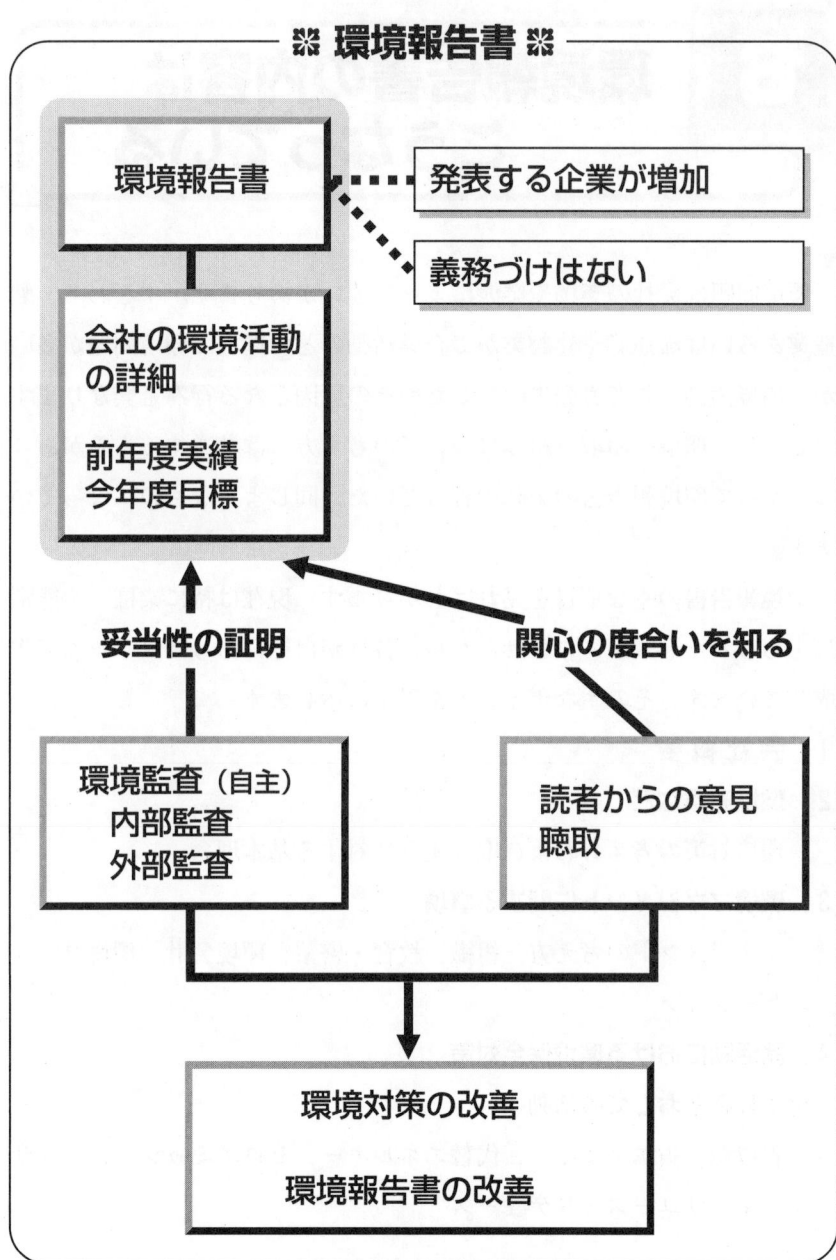

# 環境報告書の内容はこうなっている

　環境問題は会社の業種や業態によって違いがあります。すなわち，製造業あるいは流通業や建設業かで企業活動のどの過程で環境問題が多いか，環境汚染にしても発生のしかたやその原因となる行為も異なります。

　しかし，環境への取り組みについての考え方には共通するものがあり，したがって環境報告書の記載内容もだいたい同じようなものになっています。

　環境報告書の主な項目を見ればわかります。現在は特に業種・業態別に定められた形式がありませんから，各社が自社にあったフォームで作成しています。その主なポイントを以下に示します。

1. **会社概要**
2. **環境憲章など**
　環境対策の考え方および取り組みに対する基本理念
3. **環境マネジメントに関する事項**
　マネジメントの考え方，組織，教育・啓蒙，環境会計，環境コミュニケーション
4. **諸活動における環境保全対策**
　全工程をとおしての活動
　省資源，省エネルギー，代替エネルギー，ゼロエミッション，リサイクル・リユース・リデュース

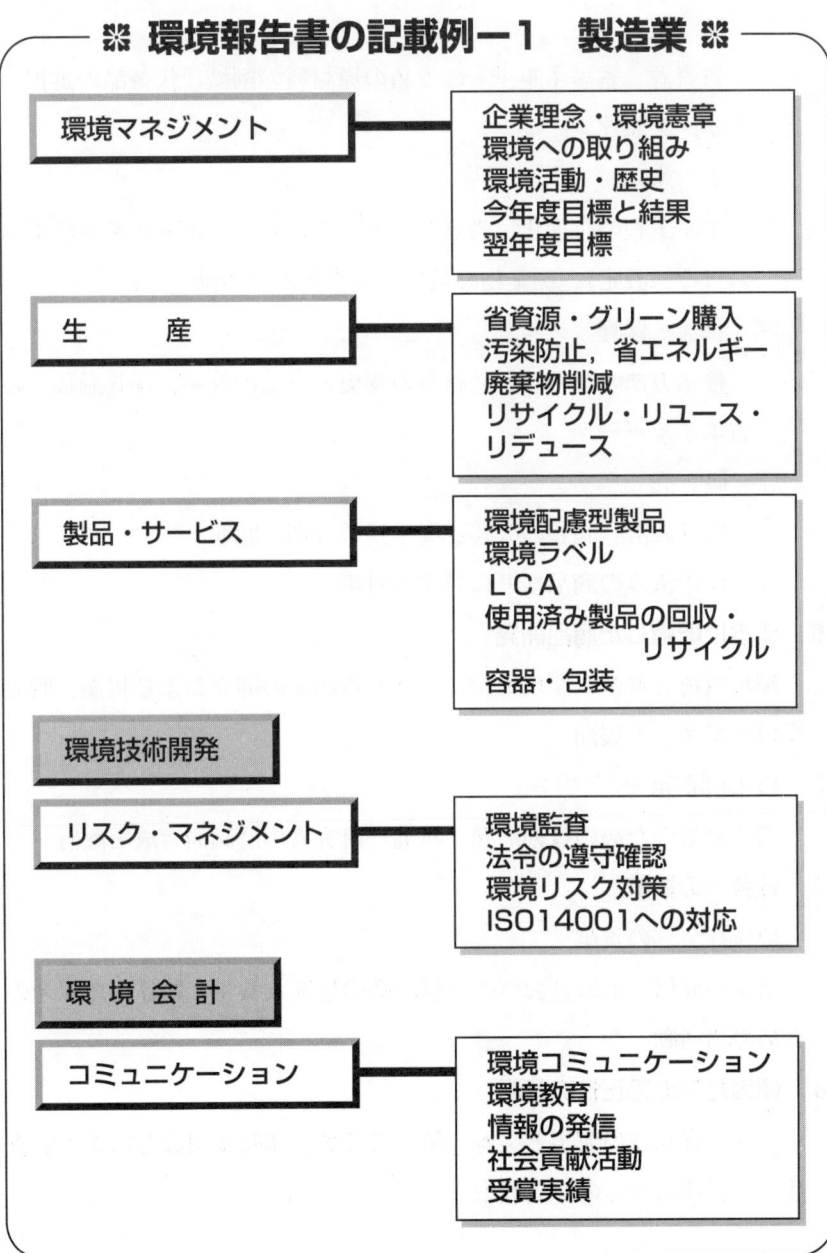

① 購　買
　　　省資源，省エネルギーのための原材料の削減，代替品の選択，グリーン調達
　　② 生　産
　　　生産工程の合理化，省資源，省エネルギー（エネルギー使用への目標値設定），廃棄物の減量，廃棄物ゼロ運動
　　③ 物流・保管
　　　輸送方法の改善，包装材料の変更と方法の改善，保管過程での省エネルギー
　　④ 販　売
　　　店舗設計，包装の改善，廃棄物の分別・回収
　　⑤ 使用済みの商品などに対する対策

## 5．環境に配慮した商品開発
　環境負荷を軽減し環境保全に役立つ新商品の開発および提案，販売，環境ビジネスの展開

## 6．技術開発
　環境対策のための技術開発，研究，研究者の計画的育成と配置

## 7．社会への貢献
　地域社会への貢献
　情報の発信，地域社会への貢献活動の推進と共生，地球環境保全のための諸活動

## 8．環境対策の適正性の証明
　内部監査制度の充実と実施，第三者である認証機関などによる監査，社内外関係者からの意見聴取

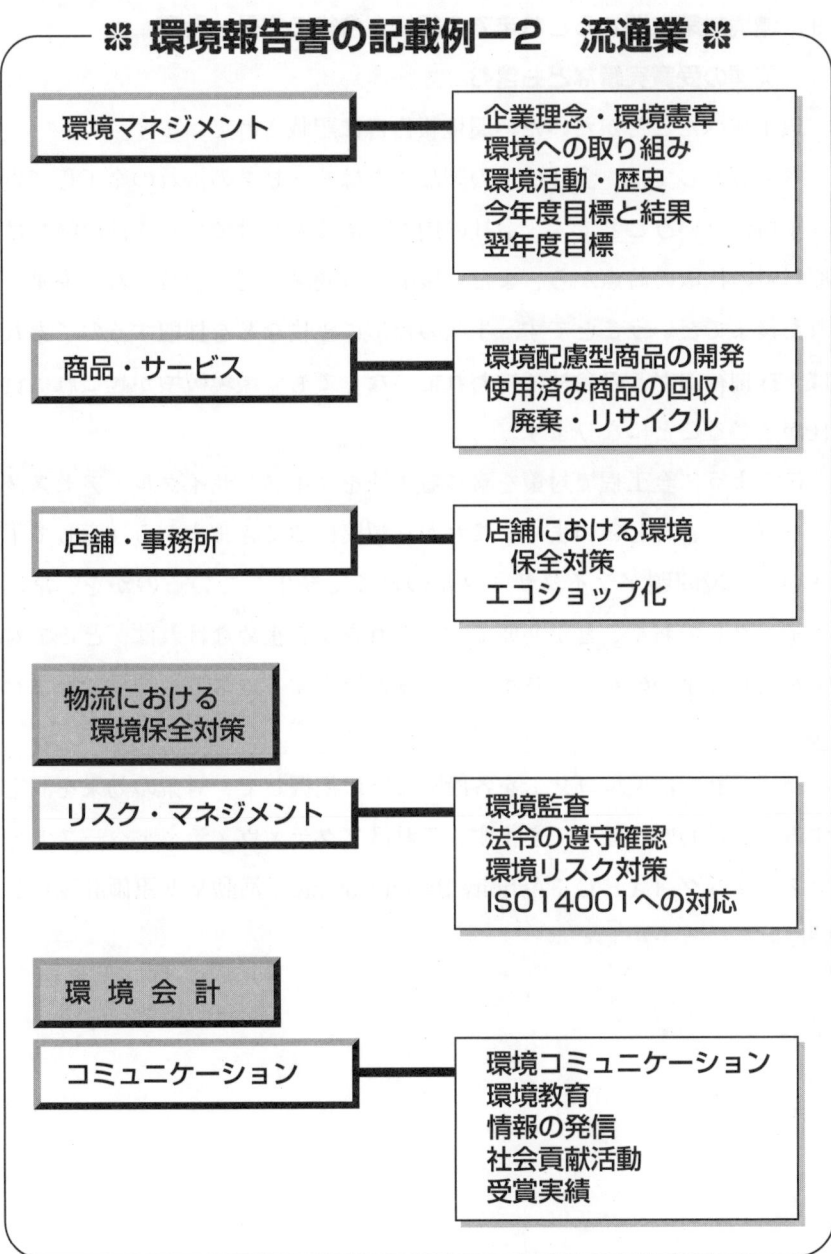

## ９．環境対策に関するこれまでの経緯と今後の方針・計画
## 　　関連の受賞実績なども含む

　以上述べたことがだいたい環境報告書に記載されています。

　考え方としては，会社はその製品またはサービスの流れの全工程で責任を持つということです。会社の内部にある間だけでなく，前段階では原材料の採取の時点から，また後段階では商品などが消費されて廃棄された後までということです。生産のために鉱物などを採取するのであれば，採掘行為がその会社で行われていなくても，環境破壊が起これば責任が生じることになります。

　このように全工程で対策を講じる手法をライフ・サイクル・アセスメント（ＬＣＡ）といいます。これから頻繁にでてきますから注意して下さい。環境問題がライフサイクルのどこで発生しているのかを，常にチェックしておくことが必要です。それを突き止めなければ，どこで対策を講じてよいのかわかりません。また発生するコストも把握できません。

　環境会計では環境コストを各段階ごとに把握して，対策の効果を測定することが必要になってきます。これはアクティヴィティ・ベースド・コスティング（ＡＢＣ：Actibity Based Costing：活動基準原価計算）と呼ばれている手法です。

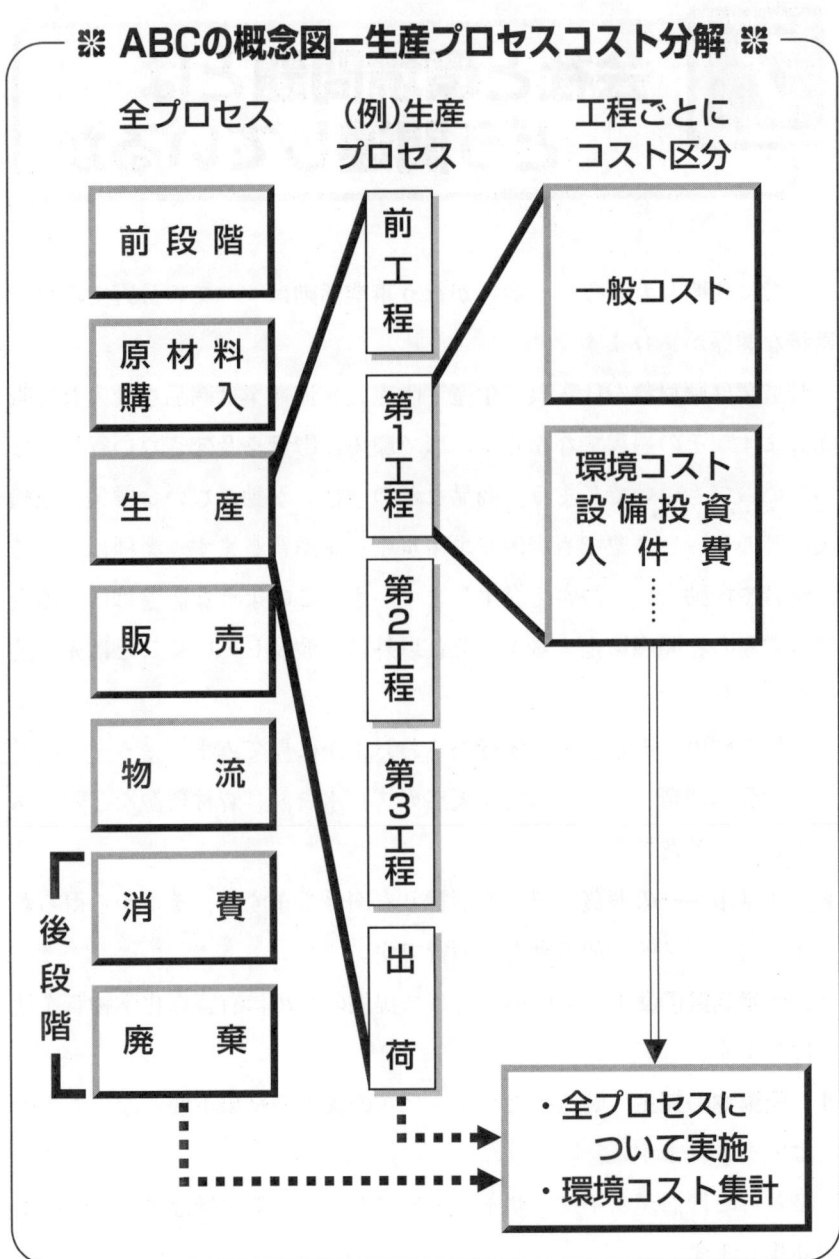

# 7 会社と環境問題とはどう関連しているか

　すでに説明したように，会社が行う事業活動はすべての分野で環境と密接な関係があります。

　製造業は原材料を仕入れて生産・販売し，流通業は商品を仕入れて販売します。その過程でなんらかの形で環境に影響を及ぼさない行為はないといってもいいでしょう。商品などの「物」が動かない金融業，運輸業などのサービス業でも資源やエネルギーを消費します。業種によっては騒音や振動という被害も発生します。またこのような影響は自分の会社の業務の範囲内に止まらず，それ以外にも波及していくことは先に述べたとおりです。

　会社の環境に影響を及ぼす行為をおおまかに見てみましょう。

1．**資源の消費**　石油，石炭，天然ガス，水資源，森林資源など限りある資源の消費です。
2．**エネルギーの消費**　資源の消費とも関係しますが，そこから得られる電力，ガスその他の動力の消費です。
3．**化学物質の使用**　生産やサービス提供のために有害な化学物質を使用します。
4．**廃棄物の発生**　製造行為やサービスの提供の結果不要となったものは廃棄されます。

　これらの行為がライフ・サイクル・アセスメントのほぼすべての段階で発生します。

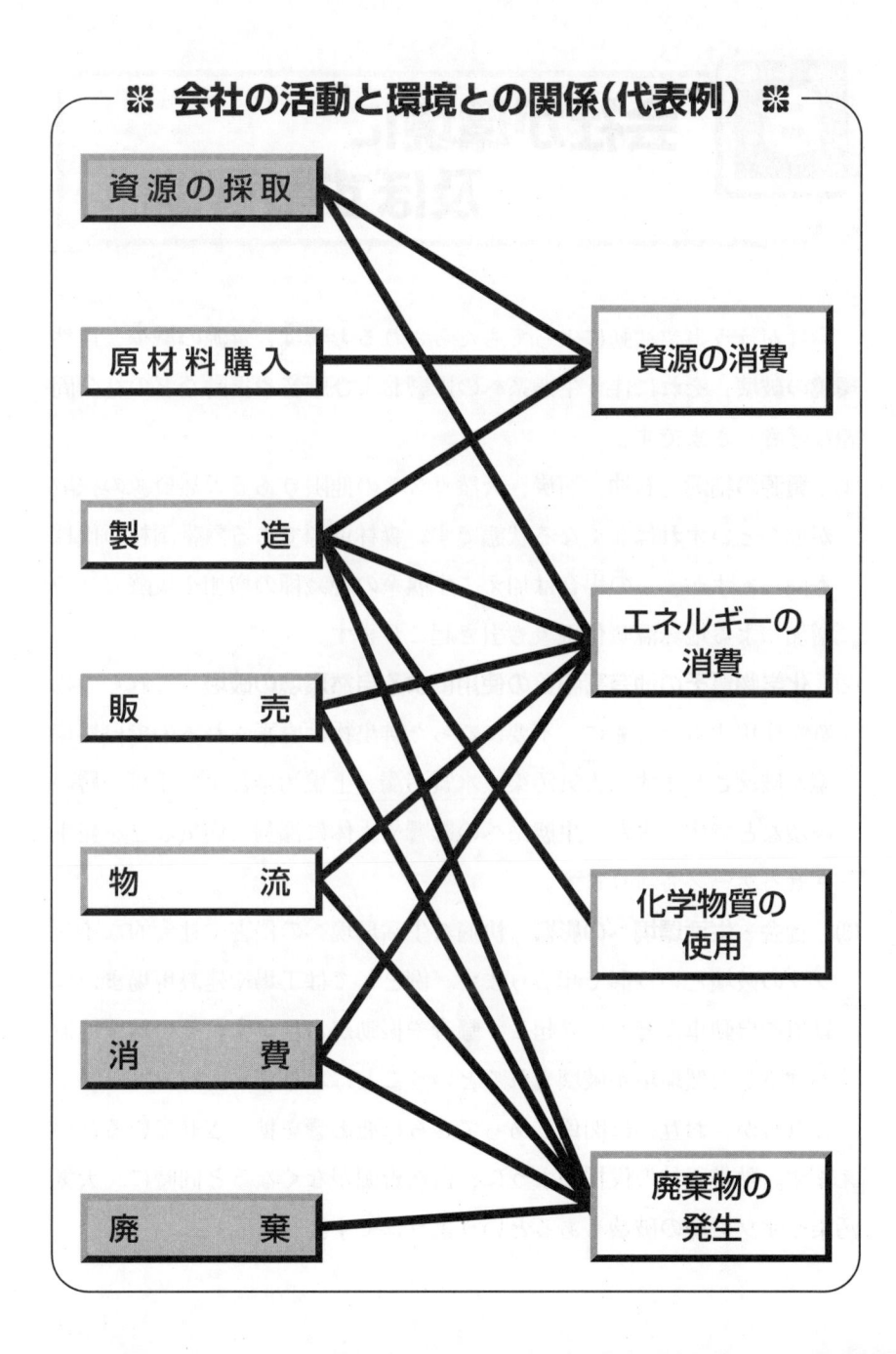

## 会社の活動と環境との関係（代表例）

| 会社の活動 | 環境との関係 |
|---|---|
| 資源の採取 | 資源の消費 |
| 原材料購入 | エネルギーの消費 |
| 製造 | 化学物質の使用 |
| 販売 | 廃棄物の発生 |
| 物流 | |
| 消費 | |
| 廃棄 | |

第2章　環境報告書のここに注目する

# 8 会社が環境に及ぼす影響は

　会社が行う事業活動によってもたらされる影響は，資源の減少，自然環境の破壊，それに伴う生態系への影響および騒音や振動などの社会問題などさまざまです。

(1) **資源の枯渇**　石油，石炭，天然ガスその他限りある天然資源の採取が進むといずれはなくなる状態です。森林資源である熱帯雨林の伐採も同じですが，この場合は加えて生態系の絶滅種の増加や炭酸ガスの増加による地球温暖化現象も引き起こします。

(2) **化学物質その他有害物質の使用による自然環境の破壊**　これらの物質を使用するとともに，不要になった排出物は廃棄されるので自然環境が破壊されます。大気汚染，水質汚濁，土壌汚染およびオゾン層の破壊などです。また，生態系への影響や人体に深刻な病気などを発生させるケースもあります。

(3) **社会・生活環境への影響**　快適な生活環境への侵害や社会的なインフラの破壊という形で起こります。例としては工場や建設現場または鉄道や自動車などが引き起こす騒音や振動があります。その結果地盤が沈下し自然環境が破壊されるということになります。

　これらが，お互いに関係しあってさらに悪影響を拡大させているといえます。熱帯雨林の伐採のように，自然資源がなくなると同時に，大気汚染やオゾン層の破壊もあるというようにです。

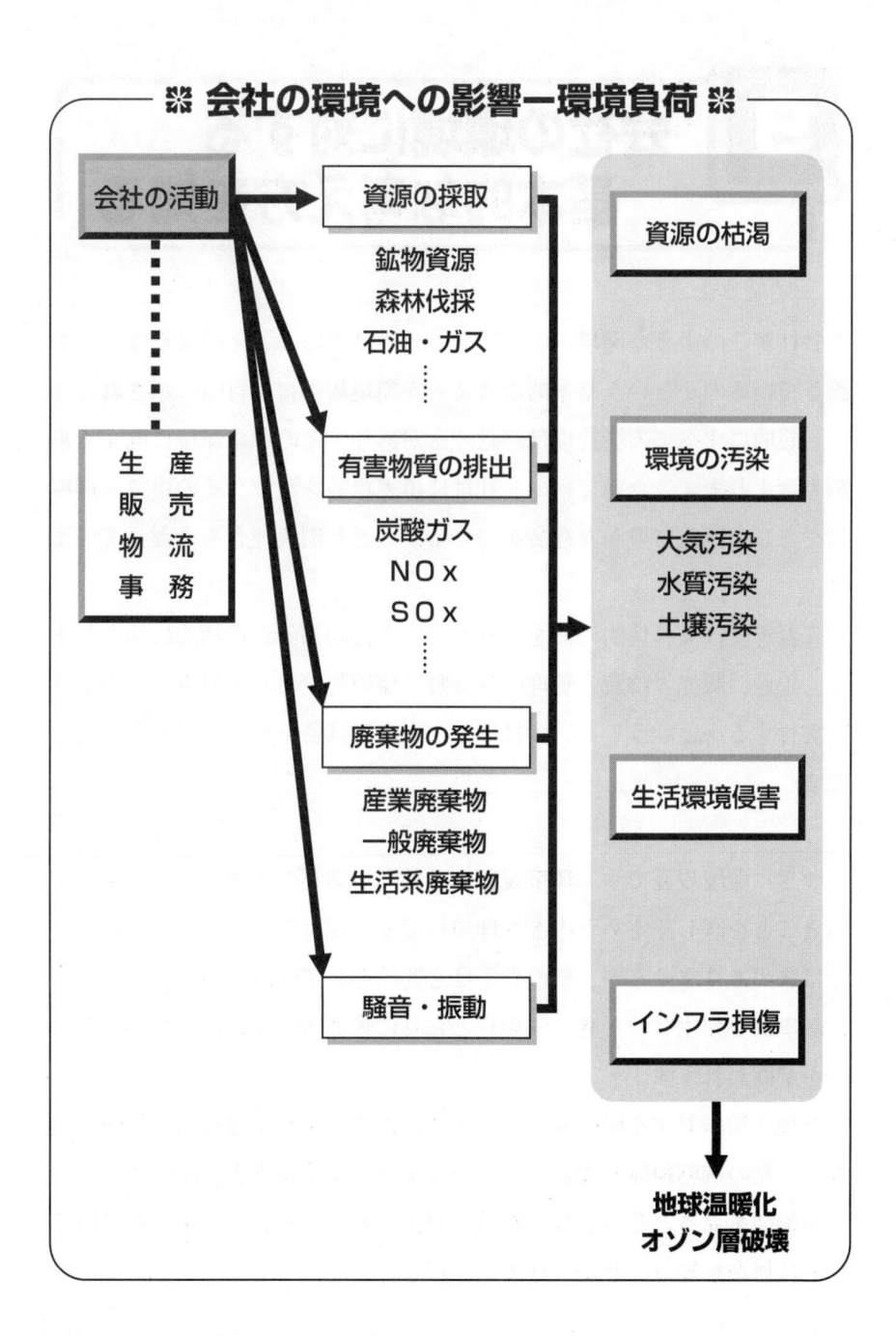

## ❀ 会社の環境への影響ー環境負荷 ❀

**会社の活動**

- 生産物事
- 販売流務

↓

**資源の採取**
- 鉱物資源
- 森林伐採
- 石油・ガス
- ……

→ **資源の枯渇**

**有害物質の排出**
- 炭酸ガス
- NOx
- SOx
- ……

→ **環境の汚染**
- 大気汚染
- 水質汚染
- 土壌汚染

**廃棄物の発生**
- 産業廃棄物
- 一般廃棄物
- 生活系廃棄物

→ **生活環境侵害**

**騒音・振動**

→ **インフラ損傷**

↓

**地球温暖化**
**オゾン層破壊**

第2章 環境報告書のここに注目する

# 9 会社の環境に対する基本的な考え方を知る

　会社がこのような環境への負荷をどう受け止めて，どのような対策を講じているのかという基本的な考え方が環境報告書の冒頭に示されます。
　一般的にすべての会社には経営理念があり，その中に環境に関する事項も含まれます。たいていの会社は環境憲章等を設け，その中で「環境にやさしい経営で豊かな社会をつくる」などと環境理念をうたっています。
　これを受けて具体的に何をするかという行動指針が総括的に示されます。生産，販売，物流，管理の各分野で環境対策として何を，どのように実行するかということ，会社によって内容は若干違っても方向は同じです。

　つぎに環境規程です。環境規程は各部門が業務の内容に応じて遵守すべきことを詳しく定めた内部管理規程です。規程の全文が公開されることはまずありませんが，その骨子は必要に応じて随所に書かれており，何か事故が発生したときには規程どおりに管理活動が行われていたかどうかが問われます。
　環境活動に対する組織体制も開示されます。全社を総合的に管轄する社長直轄の統轄組織や委員会および各部署や支社・支店の組織です。
　組織図を見るとその会社の環境に対する方針や今特に力を入れていることは何かを知ることができます。

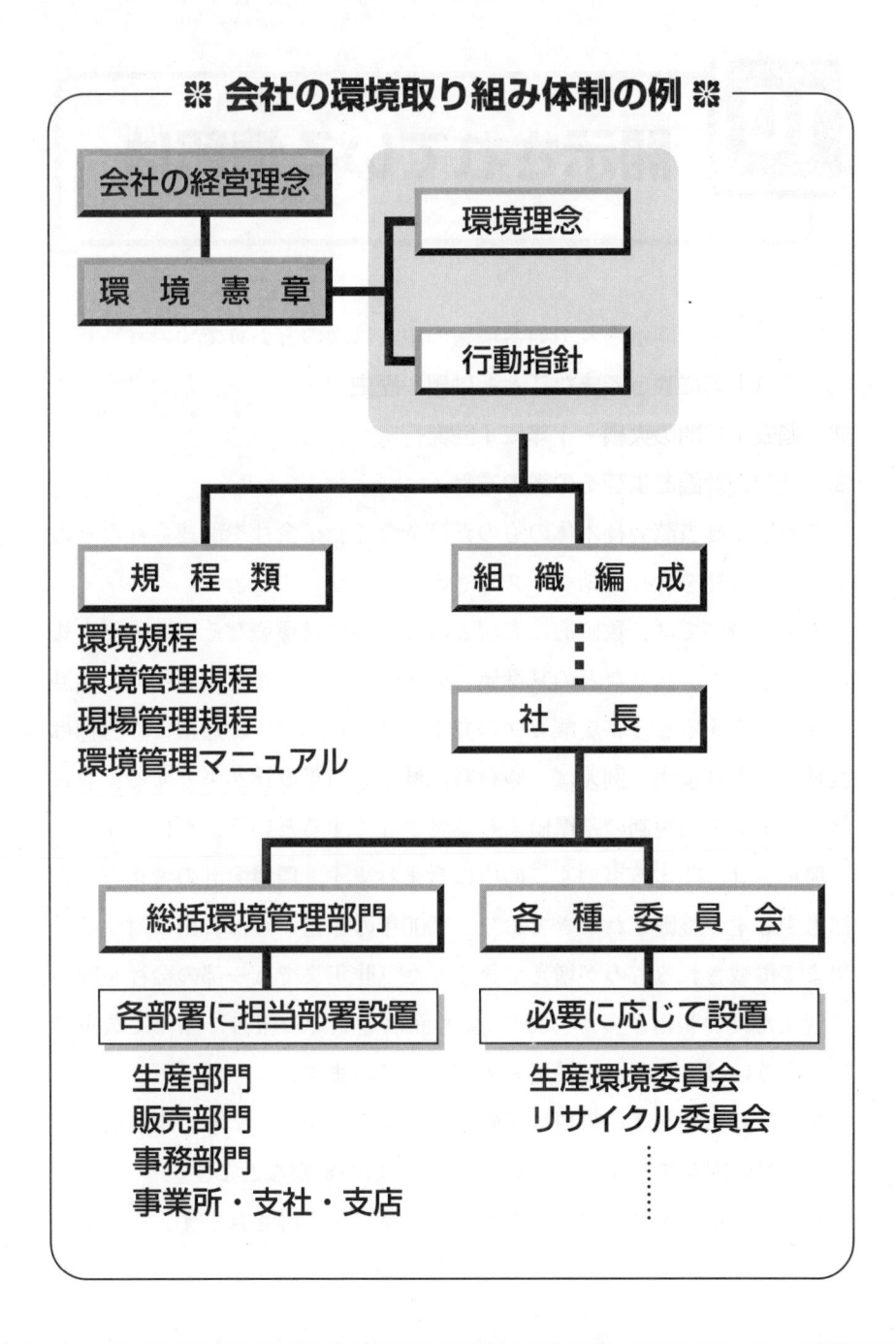

## ❀ 会社の環境取り組み体制の例 ❀

```
会社の経営理念 ──┐        ┌── 環境理念
                 │        │
環 境 憲 章 ──────┼────────┤
                          │
                          └── 行動指針
```

**規 程 類**
- 環境規程
- 環境管理規程
- 現場管理規程
- 環境管理マニュアル

**組 織 編 成**
└── 社 長
　　├── 総括環境管理部門
　　│　　└── 各部署に担当部署設置
　　│　　　　　・生産部門
　　│　　　　　・販売部門
　　│　　　　　・事務部門
　　│　　　　　・事業所・支社・支店
　　└── 各 種 委 員 会
　　　　　└── 必要に応じて設置
　　　　　　　　・生産環境委員会
　　　　　　　　・リサイクル委員会
　　　　　　　　　…

# 10 開示されている情報は

　環境報告書で開示されている情報の中身は次のとおりです。
(1)　これまでにやってきたことと効果―歴史
(2)　過去1年間の実績―1年に1回発行
(3)　次期の計画およびその後の方針

　この情報は当該会社本体のものだけでなく，子会社や関連会社などのグループ会社を含む連結ベースのものが多くなっています。

　実績については，数値的に表現されるものは目標値とその達成度を報告するものや，法令などの基準値との比較で示されます。原材料の削減や代替に関するもの，炭酸ガスの発生の減少などです。通常この目標は数量で示されます。例えば，原材料削減率を前年度比20％とする，有害物の発生量を法規制の基準値より2％少なくするというようにです。

　環境会計に関する事項もこの中に含まれます。環境会計の考え方や方法も少しずつ整備されてきており，2000年の報告からは費用に対する効果まで掲載されるものが増えてきました（昨年までは一部の会社を除いて費用だけの報告が多かった）。会計面は金額での報告に加えて数量や指標あるいは注記などで補足説明がされています。

　数値で表わされない事項は活動状況を文書で報告します。環境適応型の新製品の開発や，マネジメント・システムの整備などです。

　報告の適正性を表わすための第三者意見書も添付されます。

## ❀ 実績および目標の開示例 ❀

|  | 93年 | 94年 | 95年 | 96年 | 97年 | 98年 | 99年 |
|---|---|---|---|---|---|---|---|
| 再資源化率 | 56% | 61% | 60% | 78% | 80% | 86% | 90% |
|  | 93年 | 94年 | 95年 | 96年 | 97年 | 98年 | 99年 |
| 炭酸ガス排出量 | 250 | 230 | 220 | 190 | 180 | 170 | 175 |
|  | 93年 | 94年 | 95年 | 96年 | 97年 | 98年 | 99年 |
| 廃棄物発生量 | 75 | 60 | 55 | 40 | 30 | 25 | 20 |

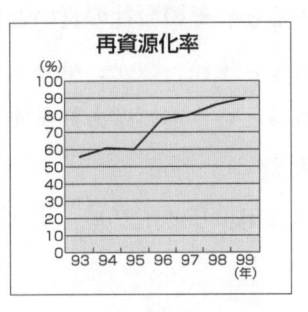

再資源化率

廃棄していた部品，原材料その他の再資源化率を示す。廃棄物の減少と相関関係もあります。

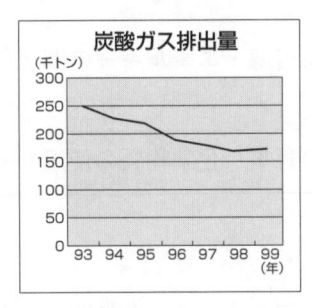

炭酸ガス排出量

炭酸ガスの排出量が毎年減少している経緯を示す。

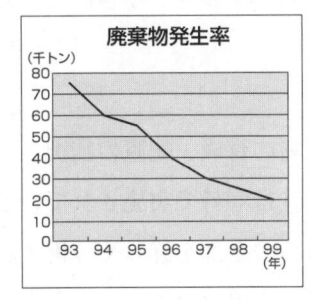

廃棄物発生率

廃棄物の数量を示す（毎年減少しており，2002年には廃棄物ゼロゼロエミッションを目指す）。

第2章 環境報告書のここに注目する

# 11 環境対策として会社は何をやっているか

　環境活動として会社がやっていることは環境報告書の目次を見ればだいたいわかります。同業の他社と比較してみると，その会社の良いところ，悪いところも見えてきます。会社によって，生産，販売，事務などの業務の種類に応じて，ここは特に力を入れるという違いはあります。

(1) **グリーン購入など原材料や資材の購入**

　　廃棄物を出さない新原材料や代替品の採用，リサイクル，リユース，リデュース

(2) **省資源，省エネルギー**

　　石油，ガス，電力の動燃力の節減，新資源・エネルギーの開発

(3) **汚染等の防止**

　　大気，土壌，水質汚染の防止のための対策。化学物質の使用や廃棄物の削減，容器・包装材料の改善

(4) **環境関連ビジネスの企画実行**

　　環境を改善，保護するための省資源，省エネルギーを目的とした新規製品の開発や事業の計画，推進

(5) **環境技術の開発**

　　上記が実現されるための技術研究，人材の育成・配置の状況

　日本での対策に限らず，海外拠点を持つ会社は海外で実施されている環境活動についても明示されています。これらの全部を詳しく分析すれば，会社の環境への取り組みや貢献度や他社との違いが推定できます。

## ❊ 環境対策のあらまし ❊

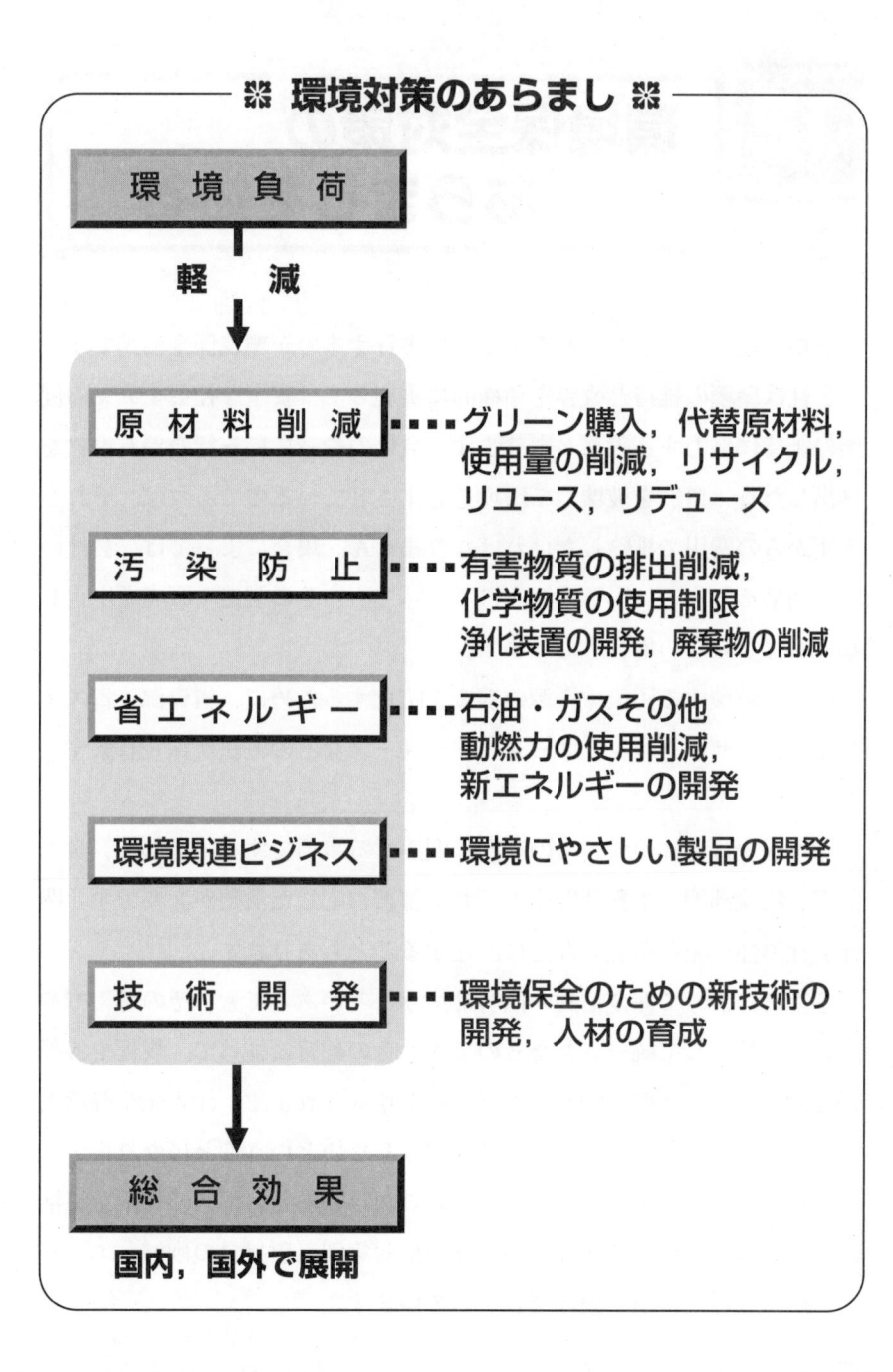

```
┌─────────────┐
│  環 境 負 荷  │
└─────────────┘
      │ 軽　減
      ▼
┌─────────────────────┐
│ ┌───────────┐                                        │
│ │ 原 材 料 削 減 │‥‥ グリーン購入，代替原材料，     │
│ └───────────┘      使用量の削減，リサイクル，     │
│                    リユース，リデュース           │
│ ┌───────────┐                                        │
│ │ 汚 染 防 止 │‥‥ 有害物質の排出削減，             │
│ └───────────┘      化学物質の使用制限             │
│                    浄化装置の開発，廃棄物の削減   │
│ ┌───────────┐                                        │
│ │ 省エネルギー │‥‥ 石油・ガスその他                 │
│ └───────────┘      動燃力の使用削減，             │
│                    新エネルギーの開発             │
│ ┌───────────┐                                        │
│ │ 環境関連ビジネス │‥‥ 環境にやさしい製品の開発    │
│ └───────────┘                                        │
│ ┌───────────┐                                        │
│ │ 技 術 開 発 │‥‥ 環境保全のための新技術の         │
│ └───────────┘      開発，人材の育成               │
└─────────────────────┘
      │
      ▼
┌─────────────┐
│  総 合 効 果  │
└─────────────┘
 国内，国外で展開
```

第2章　環境報告書のここに注目する

# 12 環境保全対策の あらましを知る

　前項で述べたようなことを総合的に実行するのが環境保全活動です。
　会社は環境の維持と改善を積極的に実施して，安全な社会や人々の健康の維持に努力する義務があります。会社のやっている行為が有害物を排出したり，自然を破壊して環境を悪化させているのであれば，それをみずからの費用で排除しなければなりません。場合によっては，会社の主力商品そのものに影響するものであっても，その製造や販売を中止しなければならない場合もあります。
　環境を破壊する汚染や資源の浪費を防止するために，省資源，省エネルギー，リサイクル，リユース，リデュースなどの方法が採られます。

　環境保全は会社のすべての部門に関連する事項です。生産部門，販売部門，物流部門，事務部門それぞれで部署に応じた活動が必要です。関係会社や仕入先，得意先などに関連することもあります。
　各部署によって保全活動の内容は違うことがあっても，その考え方や方針は全社として統一されたものです。その趣旨に従って，規程や各部署でやることなどの規則やマニュアルが作成されます。仕入先や得意先については，これを守らなければ取引はしないということになります。
　環境報告書ではまず全体としての取り組み姿勢と各部署の役割を総括的に示します。ついで各部署別あるいは対策別（原材料の削減，エネルギー節減など）に項を設けて説明しています。

## ❈ 会社全体の環境対策のあらまし ❈

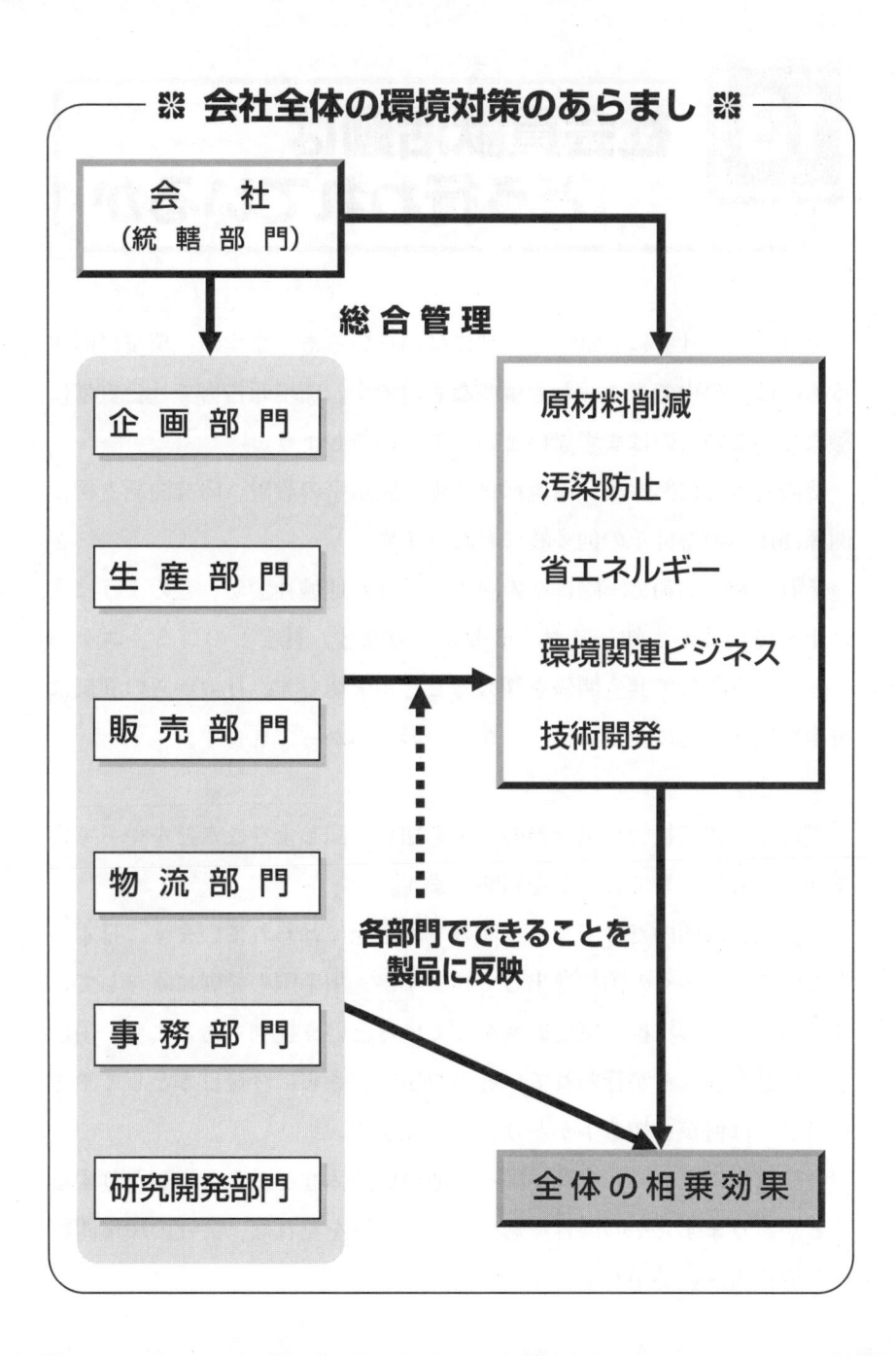

```
会　社
（統轄部門）
```

総合管理

- 企画部門
- 生産部門
- 販売部門
- 物流部門
- 事務部門
- 研究開発部門

- 原材料削減
- 汚染防止
- 省エネルギー
- 環境関連ビジネス
- 技術開発

各部門でできることを製品に反映

全体の相乗効果

第2章　環境報告書のここに注目する

## 13 社会貢献活動はどう行われているか

　会社が行う社会に貢献する行動にはいろいろありますが，環境に関するものはその中でももっとも重要なものです。環境報告書で社会貢献に触れていないものはまずないといっていいでしょう。

　その内容は自然保護，環境緑化運動，展示室の設置，研究開発支援，関係団体への寄付その他多岐にわたります。

　それぞれの活動で実際にその恩恵を受けた地域社会が，どのように受け止めているかも知っておく必要があります。社会とのコミュニケーションを良くして共生関係を深めることが大切です。社会からの評価は時の経過とともに企業イメージなどの形でわかってきます。

　環境報告書で社会貢献行為の実績を知り，同じようなことをやっている他社とも比較してどうかを判断します。

　社会貢献は国内だけでなく，海外でも活発に行われています。日本の企業は海外の多くの国に進出していますが，相手国の発展に寄与している反面，資源の採掘や環境破壊をしているという批判もあります。国によってどんなことが行われているかを知り，さらに今後日本としてやるべきことは何かを知る手がかりともなります。

　社会貢献によって，会社が国その他関係団体などから受賞したりすることがあります。その内容や過去からの経緯を見れば，会社の環境問題への取り組み姿勢がわかってきます。

## ❊ 社会貢献のあり方 ❊

- 地域社会 ‥‥ 環境保護，緑化活動，地域との融合
- 国 全 体 ‥‥ 法令等の遵守，諸活動への参加
- 世 界 ‥‥ 海外拠点での活動，国際機関への協力

費用の支出 ― 自主的な費用，寄付金，拠出金
（＋）
社会的費用
（計算は難しい）

効 果
- すぐには表われない
- 金額換算も困難

→ **会社への評価として顕現する**

## 14 環境保全対策は会社内部だけの問題ではない

　経営活動が環境になんらかの悪い影響を与えていない会社はまずないといってもいいでしょう。どんな業種や業態の会社であれ必ず汚染や資源枯渇などの環境負荷を引き起こしています。

　さらに環境負荷は会社内部だけのことに止まらないことに注意が必要です。

　会社そのものの行動の前段階および後段階についても，会社が行った行為について責任を持つことが要求されます。商品を売ってしまえばあとは知らないでは困るのです。例えば，自社の商品を販売して消費者がそれを使用後廃棄する場合には，使用済み商品を回収して廃棄またはリサイクルするというところまで責任を持たなければなりません。

　近年になって問題視され法制化が進んでいる一連の循環型社会関連法案も政策としての現われと見ることができます。

　すでに「容器包装リサイクル法」と「家電リサイクル法」は成立しており，メーカーに製品や包装用材の再利用が義務づけられています。

　このように前段階および後段階を含む全体をとおして対策を打つことによって，初めて環境保全に寄与したということができます。その貢献度は評価しがたいところですが，少なくとも会社がやっていることおよびそれによる効果は開示すべきことです。

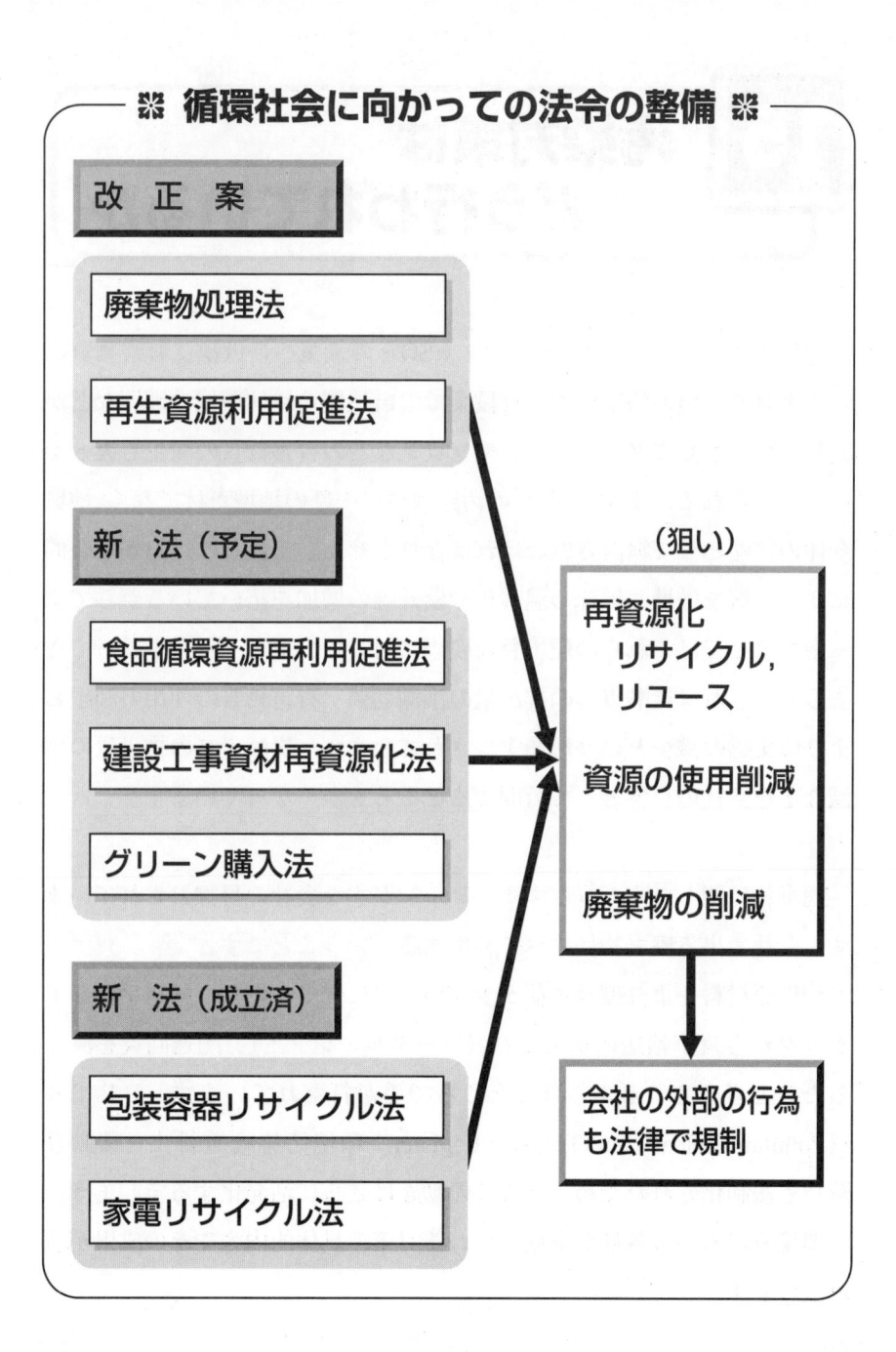

## ❃ 循環社会に向かっての法令の整備 ❃

**改正案**
- 廃棄物処理法
- 再生資源利用促進法

**新法（予定）**
- 食品循環資源再利用促進法
- 建設工事資材再資源化法
- グリーン購入法

**新法（成立済）**
- 包装容器リサイクル法
- 家電リサイクル法

（狙い）

再資源化
　リサイクル，
　リユース

資源の使用削減

廃棄物の削減

↓

会社の外部の行為も法律で規制

第2章　環境報告書のここに注目する

# 15 汚染対策はどう行われているか

　環境の汚染には炭酸ガスやNOx，SOxの大気への放出，有害物質による水質や土壌の汚染，廃棄物投棄での自然環境や住環境の破壊などがあります。さらにダイオキシンやフロンなどの有害物質の発生も大きく取り上げられています。これらの汚染は単に一部の地域だけでなく，地球全体の問題として検討されなければなりません。これらの行為が総合的にオゾン層を破壊し地球の温暖化や紫外線の増加を招いているからです。

　会社としてはこれらの環境負荷要因に対して，それぞれ手を打ってきました。それは炭酸ガスの排出量の削減効果，有害物質の使用の制限および廃棄物の減少という形で実現されています。炭酸ガスの排出量の削減などを会社の目標として公開するところも多くなっています。

　廃棄物に関してもゼロ・エミッションが主な会社の目標とされています。会社で出る廃棄物はすべて利用するということです。

　使用原材料をより環境負荷が少ないものに変更したり，輸送手段をトラックから貨車輸送に変えたり（モーダル・シフト），配送回数を減らしたりと考えられるあらゆるところで手が打たれています。PRTR（Pollutant Release and Transfer Register：環境汚染物質排出・移動登録）も法制化されたため，今後この動きはさらに活発化するでしょう。

　環境報告書から各社が実施している対策の具体的内容やその成果が読み取れます。

## ※ 汚染対策の実行 ※

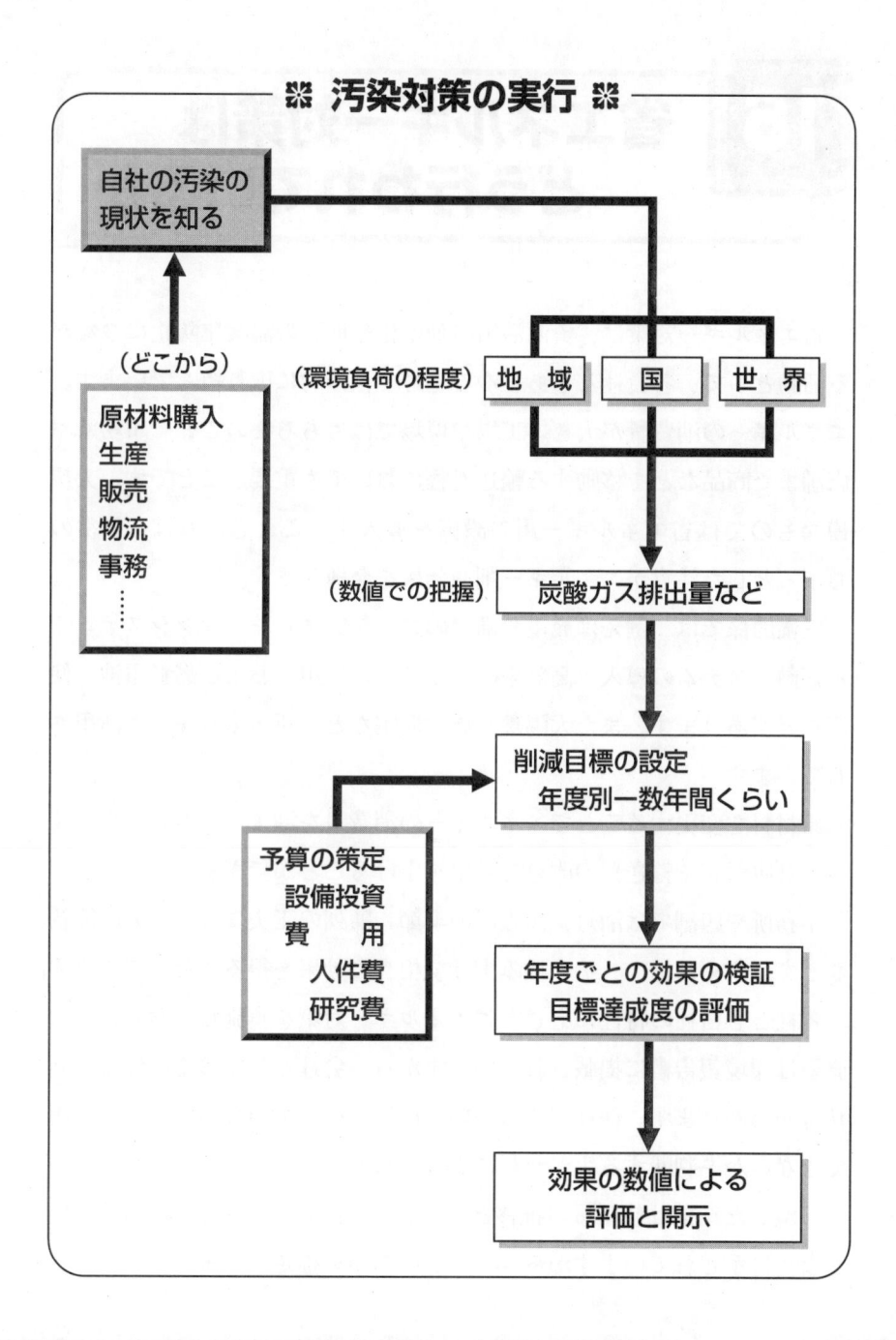

```
自社の汚染の現状を知る
         ↑
      (どこから)
   ┌─────────┐
   │ 原材料購入 │
   │ 生産     │
   │ 販売     │
   │ 物流     │
   │ 事務     │
   │  ⋮      │
   └─────────┘
```

(環境負荷の程度) 　地域　国　世界

(数値での把握) 　炭酸ガス排出量など

削減目標の設定
年度別―数年間くらい

予算の策定
　設備投資
　費　用
　人件費
　研究費

年度ごとの効果の検証
目標達成度の評価

効果の数値による
評価と開示

第2章　環境報告書のここに注目する

# 16 省エネルギー対策はどう行われているか

　省エネルギー対策は，資源活用の効率化や地球の温暖化防止につながる活動として，各会社ともあらゆる分野で積極的に取り組んでいます。エネルギーの消費量が大きい工場や現場ではもちろんのこと，事務所や店舗また商品などを移動する輸送過程においても重要なことです。大規模なものでは省エネルギー用の設備を導入することもあれば，日常のちょっとした注意がエネルギー削減効果を発揮します。

　設備関係では，例えば発電設備でのコージェネレーションシステムや氷蓄熱システムの導入，高効率のボイラーの採用，および燃料電池の使用などがあります。また太陽熱や風力発電など，新エネルギーも活用されています。

　原材料を変更することでエネルギーの消費量を減少させたり，また物流（倉庫保管や輸送）の改善で効果を上げることができます。

　事務所や店舗では消灯，冷暖房の調節，陳列の工夫による電力の節約などをこまめに行い，その積み上げで相当の効果を得ることができます。

　各社とも自社の特性に応じた省エネルギー対策を実施しており，その概要は環境報告書に掲載されていますから，会社としての方向性や実施状況がわかります。他社がやっていて自社がやっていないものは，採用できないかを判断する手がかりにもなります。

　節減した結果は使用量の推移として燃料（Mkal），電力（kWh）というように示されていますからコストの節約額も推定できます。

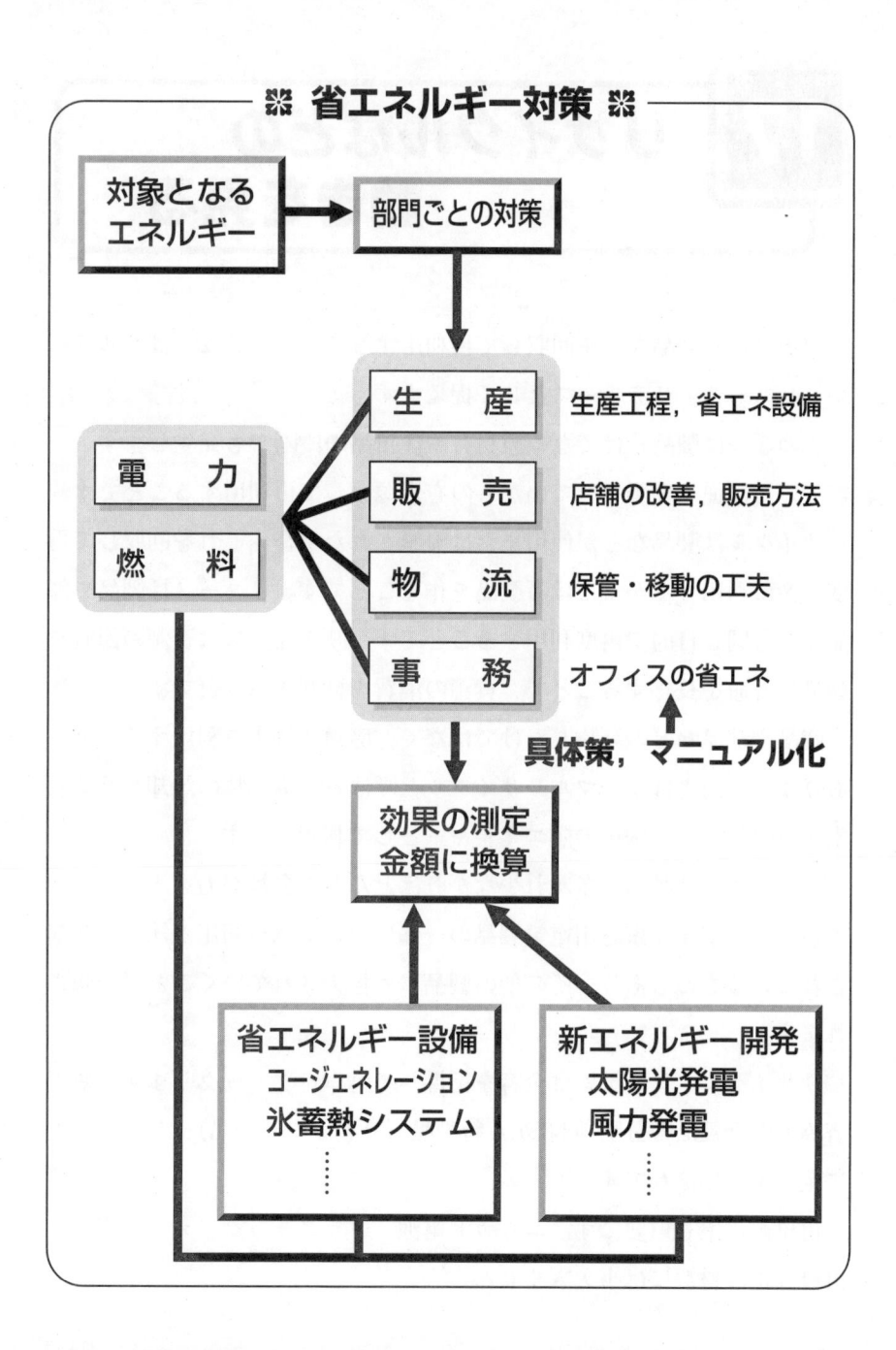

## 省エネルギー対策

```
対象となる         部門ごとの対策
エネルギー    →
                        ↓
                    ┌─ 生　産    生産工程，省エネ設備
電　力              ├─ 販　売    店舗の改善，販売方法
燃　料      →       ├─ 物　流    保管・移動の工夫
                    └─ 事　務    オフィスの省エネ
                                        ↑
                            具体策，マニュアル化
                        ↓
                    効果の測定
                    金額に換算
                        ↑                    ↑
        省エネルギー設備              新エネルギー開発
          コージェネレーション            太陽光発電
          氷蓄熱システム                 風力発電
            …                            …
```

第2章　環境報告書のここに注目する

# 17 リサイクルなどの動きを見る

　使用済みの製品などを回収して再利用することで，ここではリサイクル，リユース，リデュースとして捉えます。

　この3つは製品だけでなく原材料や仕掛品の段階でも発生します。一言でいえば従来廃棄されていたものを資源として再利用することです。リサイクルは製品などが使用または廃棄された場合，それを回収して再度生産に利用するかまたは新製品を作ることです。リユースは製品や部品などを同じ目的で再度利用することです。リデュースは資源の節減や製品の寿命を長くすることで，資源の消費を抑制することです。

　商品や部品などの「物」だけではなく，廃熱や排水を利用することもあります。前者はサーマルリサイクルと呼ばれ，廃棄物の焼却などで発生する廃熱を冷暖房用の熱エネルギーとして利用します。

　リサイクル活動は，多かれ少なかれほとんどの会社が力を入れてやっていることです。家庭用電気製品の一部については再利用が法律で強制されているものもあり，その他の製品にも拡大されていくことが予想されます。

　リサイクル・システムは全容を把握して効率をチェックします。使用済みの廃棄製品の分別，回収から新製品（リサイクル製品），そして売上に至るまでの流れです。

　再資源化率も重要です。ニッカド電池，プラスチック，ガラス等々，再資源化の材料には事欠きません。

## 資源の再利用など

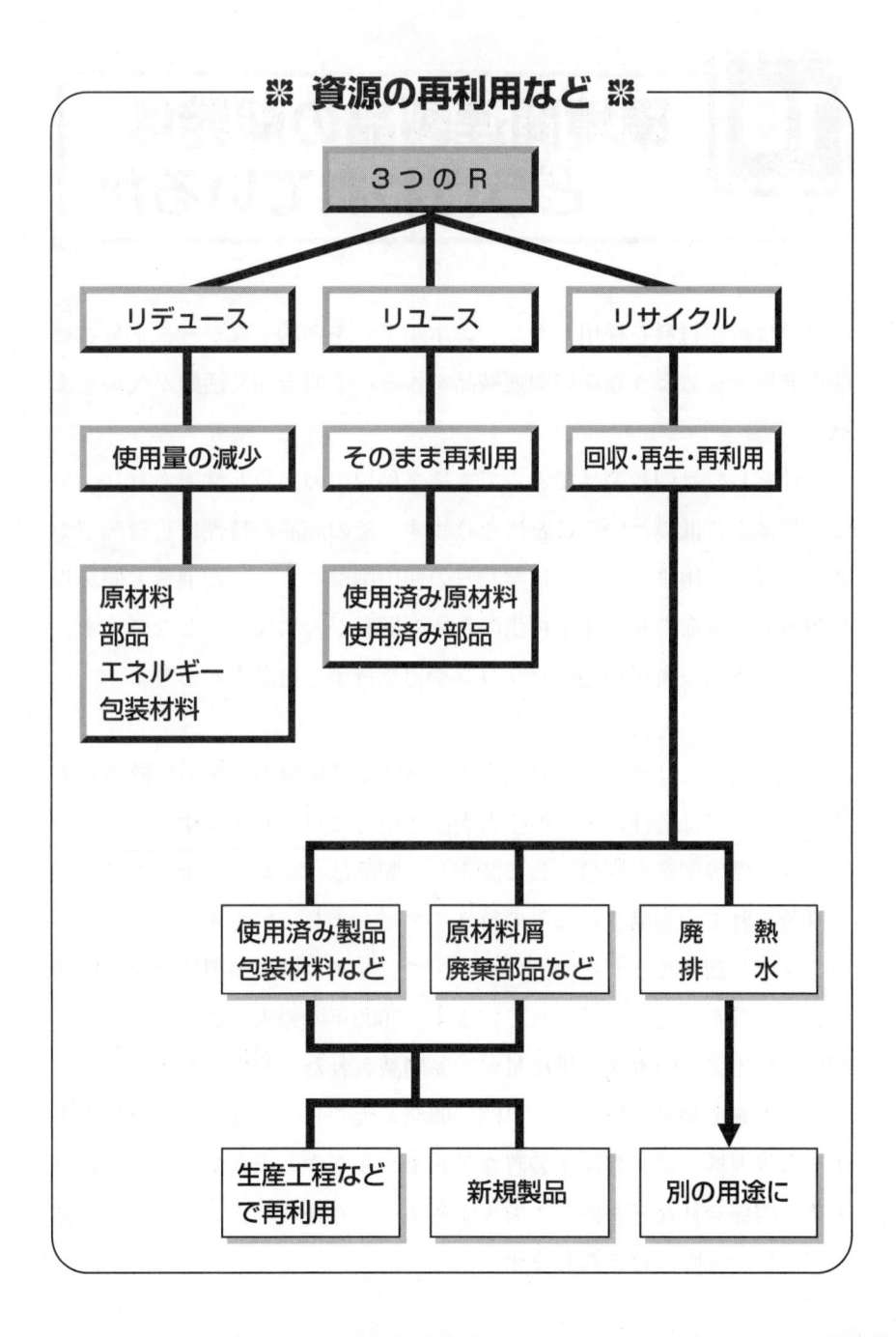

```
               ３つのR
        ┌────────┼────────┐
      リデュース   リユース   リサイクル
        │         │         │
     使用量の減少  そのまま再利用  回収・再生・再利用
        │         │         │
     ┌──────┐  ┌──────────┐  │
     │原材料 │  │使用済み原材料│  │
     │部品   │  │使用済み部品 │  │
     │エネルギー│ └──────────┘ │
     │包装材料│                │
     └──────┘                 │
                     ┌────────┼────────┐
                 使用済み製品  原材料屑   廃  熱
                 包装材料など  廃棄部品など 排  水
                     │         │         │
                ┌────┴────┐    │         │
            生産工程など  新規製品    別の用途に
            で再利用
```

第2章 環境報告書のここに注目する

## 18 環境関連製品の開発はどう行われているか

　会社は新原材料を採用したり，エネルギーを節約しながら，十分な機能を発揮できるような環境関連製品を作るべく研究開発活動が欠かせません。

　条件としては同じ製品であっても従来品以上の品質と性能を有し，かつ価格はより低いということになります。その商品の特性は省資源型や新原材料の採用また有害な化学物質の使用削減です。また消費者側からは省電力，寿命の長期化や再生のための回収が容易なものとなります。

　例としては，省電力型のパソコンや省燃費型の自動車があります。

　前項で述べたリサイクル製品も広い意味では環境関連製品に該当しますが，ここでは会社の本来の主力製品を中心に見ておきます。

　会社が環境配慮型製品として認定した製品は，エコシンボルなどとして区分されて，製品ごとにその特性をアピールしています。ＮＥＣのエコシンボル制度などがその例です。エコシンボル製品が環境負荷の低減にいくら貢献したかも示されています。2000年の報告ではエコシンボル製品の採用で炭酸ガスの排出量が39％削減されたと報告されています。

　環境配慮型製品に特化して専門で開発・販売している会社もあります。生ごみ処理機や排水の浄化装置などさまざまです。大企業でもこれらの事業に関係会社などを通じて参入するケースも見られます。これから脚光を浴びる分野と考えられます。

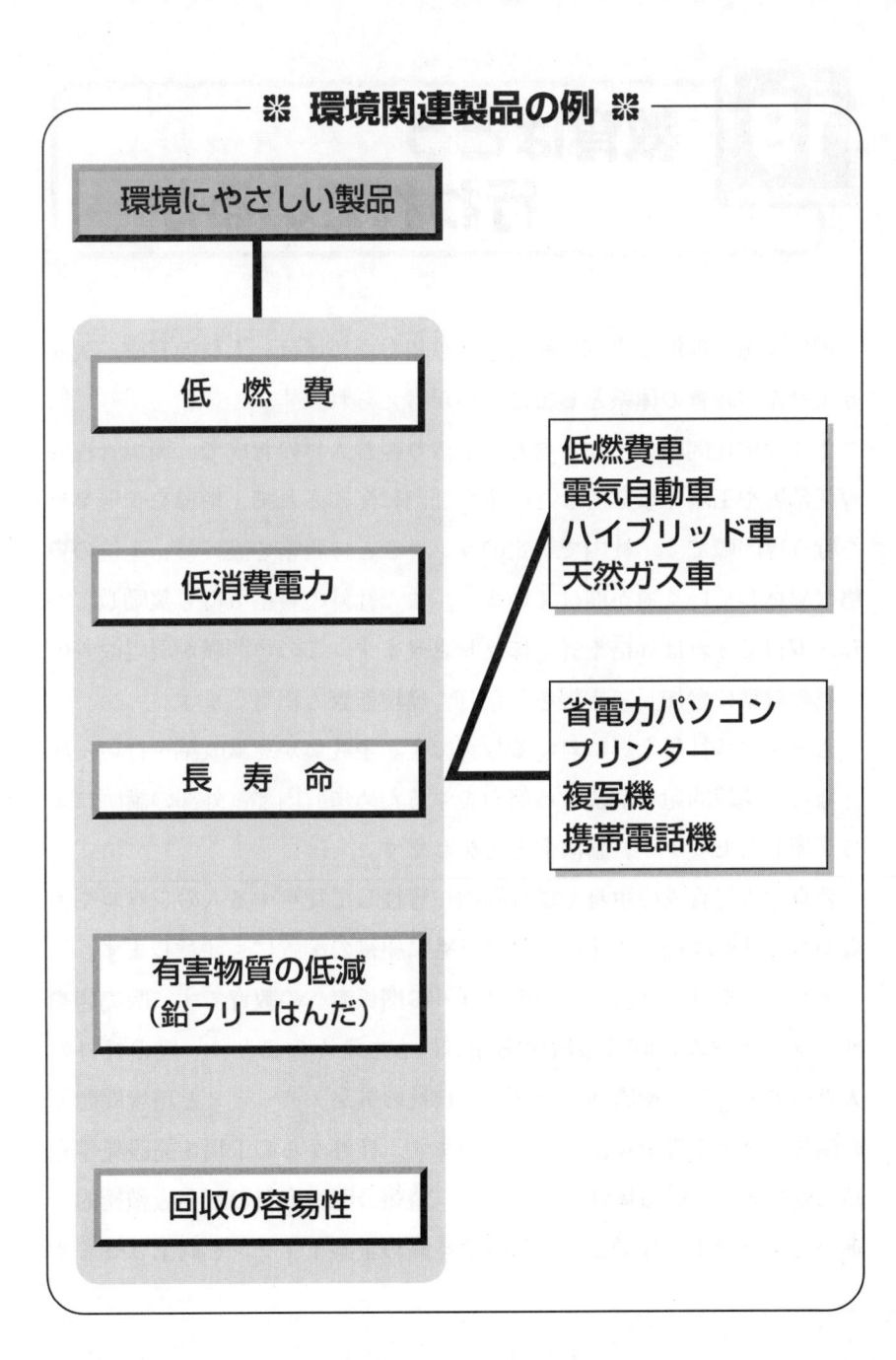

## 環境関連製品の例

- 環境にやさしい製品
  - 低燃費 → 低燃費車／電気自動車／ハイブリッド車／天然ガス車
  - 低消費電力
  - 長寿命 → 省電力パソコン／プリンター／複写機／携帯電話機
  - 有害物質の低減（鉛フリーはんだ）
  - 回収の容易性

## 19 教育はどう行われているか

　環境問題を理解し真剣に解決に取り組むためには，人材の育成が欠かせません。教育の体系としては2つが考えられます。

　1つは環境問題を主な業務として取り組む人材の育成で，環境管理の専任部署や工場や事業所などの主な部門に配属されて，指導や管理業務を行う専門職です。社内で一定のランクごとに資格を設けて，上位の資格に昇格していく道が開けています。また社外の資格取得も奨励しており，取得できれば昇格や昇給に反映させます。この専門職が現場改善のための討議に参加して支援をしたり，環境監査も担当します。

　もう1つは社員全員に対する教育です。全社員が意識改革を行い一体となって環境問題を解決する努力をするために，内部・外部の講師による定期的なセミナー，講演会を実施します。

　教育や人材育成の中身や環境問題に専任して従事する人のレベルや人数から会社を評価します。人材とともに組織の配置にも注意します。

　もう1つ忘れてはならないのは社外の関係者への教育です。販売店や部品メーカーなど直接の取引関係者はもちろんのこと，一般の社外の人々へのセミナーや講演会などで，自社の製品・サービスと環境問題との関係に対する理解を深めてもらいます。社外からの工場・施設見学も常に受け入れられる体制にしておき，情報公開や資料の配布も積極的に進めることです。社会との信頼関係を高め企業イメージを向上させます。

## 教育体系

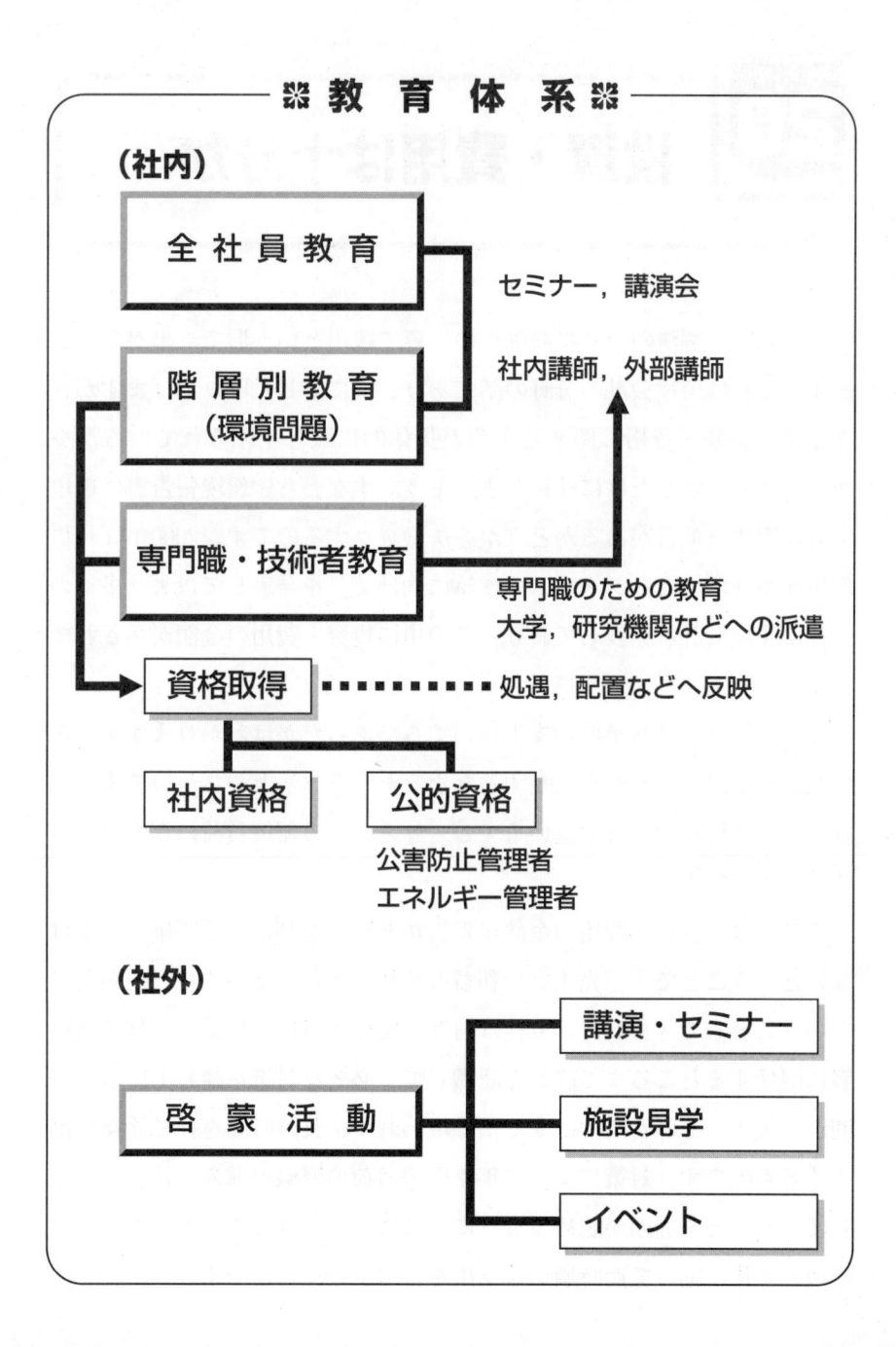

**(社内)**

- 全社員教育 ─ セミナー，講演会
- 階層別教育（環境問題） ─ 社内講師，外部講師
- 専門職・技術者教育 ─ 専門職のための教育／大学，研究機関などへの派遣
- 資格取得 ┄┄ 処遇，配置などへ反映
  - 社内資格
  - 公的資格
    - 公害防止管理者
    - エネルギー管理者

**(社外)**

- 啓蒙活動
  - 講演・セミナー
  - 施設見学
  - イベント

## 20 投資・費用は十分か

　環境問題の解決のために設備への投資や費用という形で支出が発生します。これは環境会計の分野の話であり，後に詳しく取り上げますが，ここでは投資・費用に関する事項が具体的に取り上げられているかをチェックすることだけに注目しましょう。すなわち，環境報告書に環境会計に関する項目があるかどうかをチェックするのです。2000年3月に環境庁が「環境会計システムの構築に向けて」を発表して以来，多くの会社が環境会計を発表しており，その中に投資・費用の金額が示されています。

　それを見ると当該年度の支出がいくらであったかはわかりますが，その金額が妥当かどうかを判定するとなると，ちょっとやっかいです。会社によって規模や方針も違いますし，与えている環境負荷の程度もまちまちだからです。

　ここでは，投資・費用の金額が妥当かどうかを判定する明確な基準はないということです。売上高や利益の金額と比較していくらだからどうということもできません。会社は自社が関係する環境負荷を，外部関係者に関係するところまで詳しく認識して，必要な対策を講じているかが問われます。その妥当性はすぐには現われず，長い時間を経て徐々に出てくるものです。対策によって年々環境負荷の軽減が進み，社会に貢献していることを周囲が認めるようになればいいわけです。大切なことは環境の変化に応じて適時適切な支出を行っていくことです。

## ❁ 投資・費用と効果 ❁

**環境対策**

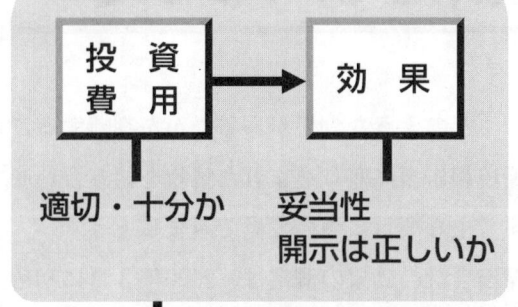

投資費用 → 効果　　明確な基準はない

- 投資費用：適切・十分か
- 効果：妥当性　開示は正しいか

判定するための手がかり

| | |
|---|---|
| 環境会計 | 始まったところ<br>これからの課題 |
| 環境対策の歴史 | 対策と効果の推移<br>それに対する評価 |
| 受賞実績 | 受賞の内容から貢献度を判断 |
| 公害・汚染などの事故 | 事故の実態とその収拾策，現状 |

第2章　環境報告書のここに注目する

## 21 環境対策の成果がよくわかる

　環境対策を講じたことで，どのような効果があったかを判断することも容易ではありません。環境報告書に盛り込まれた情報を組み合わせて総合的に判定することです。主な項目について見てみましょう。

　第1に環境会計です。環境会計の効果の測定は，2000年3月に初めて環境庁のガイドラインが出たところで，まだ全面的に採用されるに至っていないようです。しかしこれでかなり具体的に計算ができるようになりました。まだ明確でないところや，会社の恣意性が働くようなところもありますが，今後充実されていくでしょう。

　第2は環境対策の歴史です。環境報告書の多くは，冒頭またはそれに近いところに，その会社の環境問題への取り組みと，その成果に関するこれまでの経緯が掲載されています。実績を知り貢献度を判定するとともに将来への方針や布石を評価します。

　第3は受賞実績です。これは多くの環境報告書に掲載されています。いつ，どのような分野で受賞したかを見ます。省エネルギーに強いとか，商品開発が得意というような会社の強みがわかります。どこから受賞したものかも記載されていますから，相手によって重要度を見ていきます。

　第4としては特にまとめられた項目ではありませんが，省資源その他各項目に実績が示されていますから，それを拾い出してまとめます。省エネルギー，汚染防止，リサイクルなどがあります。これが最終的に環境会計に集約されることが理想です。

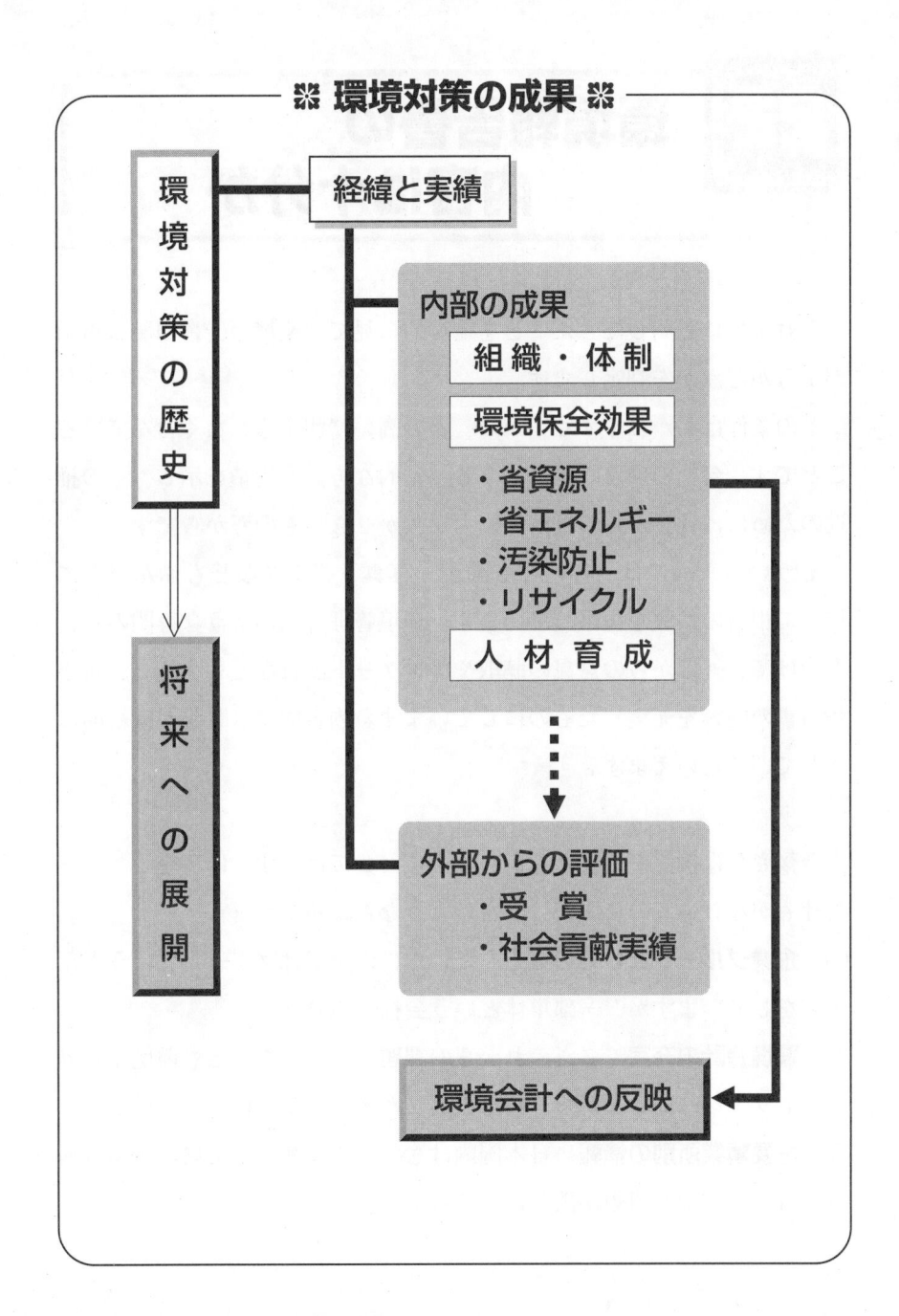

## ❁ 環境対策の成果 ❁

```
環境対策の歴史 ──┬── 経緯と実績
                │
                │    ┌─────────────────────────┐
                ├──→ │ 内部の成果              │
                │    │  ┌───────────────────┐  │
                │    │  │ 組織・体制        │  │
                │    │  └───────────────────┘  │
                │    │  ┌───────────────────┐  │
                │    │  │ 環境保全効果      │  │
                │    │  └───────────────────┘  │
                │    │   ・省資源              │
                │    │   ・省エネルギー        │
                │    │   ・汚染防止            │
                │    │   ・リサイクル          │
                │    │  ┌───────────────────┐  │
                │    │  │ 人 材 育 成       │  │
                │    │  └───────────────────┘  │
                │    └─────────────┆───────────┘
                ↓                  ┆
          ┌──────────┐    ┌────────▼────────┐
          │ 将来への │    │ 外部からの評価  │
          │ 展開     │    │  ・受  賞       │
          └──────────┘    │  ・社会貢献実績 │
                          └─────────────────┘
                                   │
                          ┌────────▼────────┐
                          │ 環境会計への反映 │◄──
                          └─────────────────┘
```

## 22 環境報告書の内容は十分か

　これまでに説明してきたことを総合的に見て，環境報告書の記載事項が十分かどうかを判定します。

　その条件はわかりやすく，かつ，質の高い情報をもれなく含んでいることです。会社の環境問題に対する基本的な方針と実績を示し，その推進のためには社会からの理解と協力が欠かせないものだからです。

　そういった面では，各社とも図表や写真，グラフなどもふんだんに使って相当の情報を提供しています。環境管理部門のような専門の部署を設けて，外部からの意見の聴取やアンケート調査なども実施し，毎年報告書の内容を充実したものにしています。内容的にも改善が継続的にされているといえます。

　今後さらに検討が必要と考えられる点としては，すでに実施している会社もかなりあるのですが，つぎのようなところでしょう。

(1) **企業グループとしての見方**　だいたいの企業はグループという考え方をしていますが，一部単体という会社もあります。
(2) **環境会計の充実**　まだこれからの課題ですが少なくとも環境庁のガイドラインに即しながら，毎年充実したものにしていくことです。
(3) **主要事業所別の情報**　日本国内はもちろん，海外の工場や事業所別にもより詳細な情報が欲しいところです。

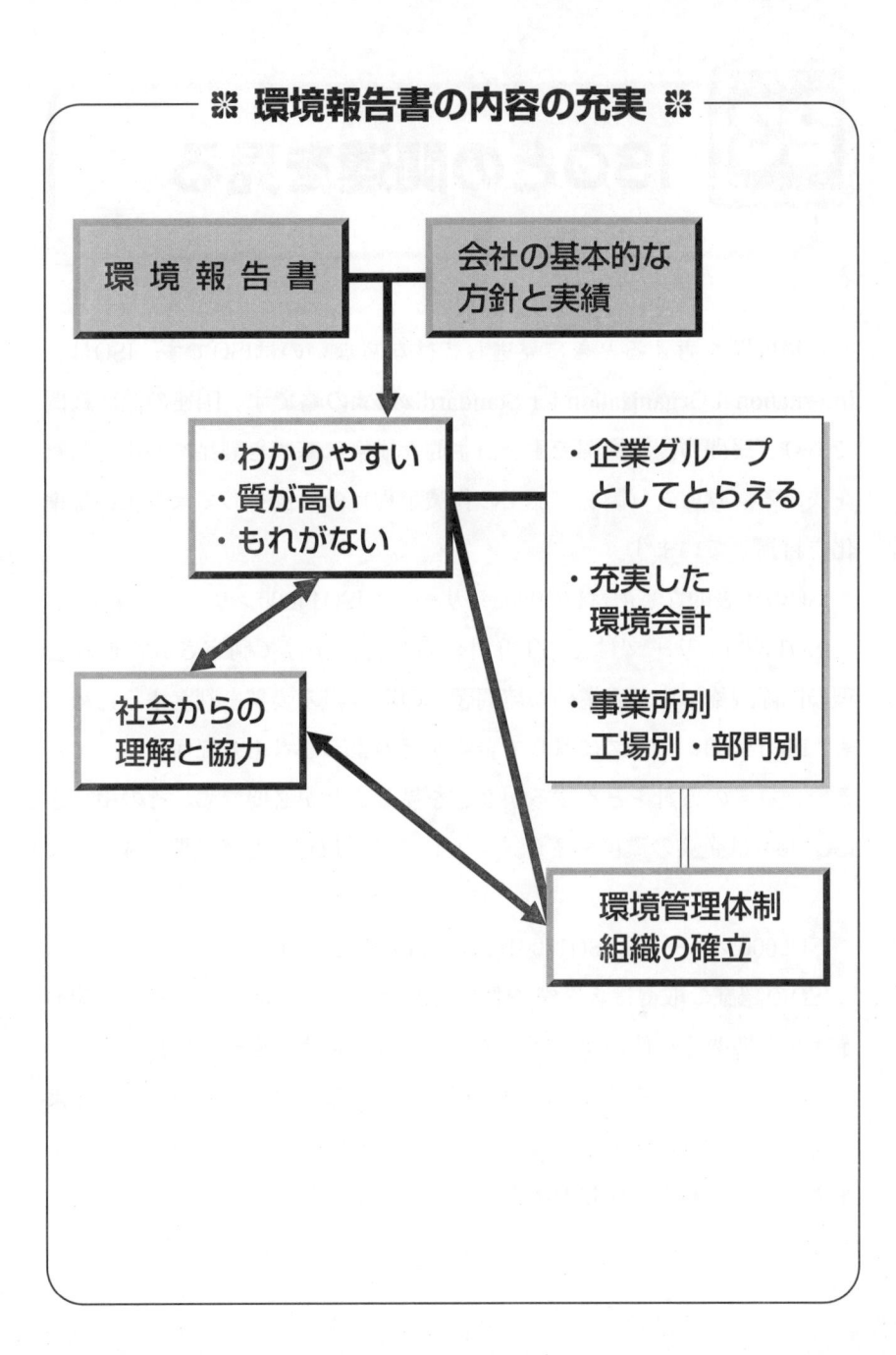

## ❈ 環境報告書の内容の充実 ❈

```
環境報告書 ── 会社の基本的な方針と実績
    │
    ▼
・わかりやすい      ・企業グループ
・質が高い    ───   としてとらえる
・もれがない
                   ・充実した
    ↕              環境会計

社会からの         ・事業所別
理解と協力         工場別・部門別
    ↑                  │
    └──── 環境管理体制 ──┘
           組織の確立
```

第2章 環境報告書のここに注目する

## 23 ISOとの関連を見る

　環境問題を考えるときに見逃してはならないのはISOです。ISOは，International Organization for Standardizationの略です。国連の諮問機関であり，民間の認証機関です。自主的な規格に基づき製品や環境の品質を決めるプロセス（製造・加工の作業工程）の評価をしてよりよい標準化を目指しています。

　ISOの代表的なものはISO9000シリーズとISO14000シリーズです。

　ISO14000シリーズは1996年9月から10月にかけて制定された環境管理の国際規格です。企業の環境問題への取り組み姿勢を判定するためにも，ISO14000シリーズに対して企業がどのような考え方で何をやっているか，将来の方針をどうするかなどを見ることが必要です。その中でもISO14001は企業の環境マネジメントシステム規格として重要です。

　ISO9000シリーズとISO14001の違いは表のとおりです。

　ISOの認証の取得は大企業や製造業だけの問題ではありません。流通業，金融機関その他のサービス産業や，中小企業にも要求されます。

　認証を受けていることが取引の条件とされるケースが増加しているようですので，特に中小企業にとっては，規模のいかんにかかわらず認証を受けることが生き残りの前提条件となってくるでしょう。

## ISO14000規格設立までの経緯

1972.6. 国連人間環境会議，ローマクラブ「成長の限界(地球の限界)」

↓

1991.6. 「持続可能な開発のための産業人会議」で環境保護の世界標準化要求

↓

1992.6. 地球サミット(ブラジルのリオデジャネイロ)，「アジェンダ21」

↓

1996.9.～10. 国際環境規格 ISO14000シリーズ発行

## ISO9000シリーズとISO14001の比較

| 項　目 | ISO9000シリーズ | ISO14001 |
|---|---|---|
| 顧　客 | 購入者 | 地域住民，一般住民，国民，従業員 |
| 目　的 | 製品品質の維持 | 環境の質の改善 |
| ISO要求事項 | 詳細品質基準 | 総合的に改善要求 |
| 効　果 | 品質の信頼性確保 | 環境負荷削減による環境保全・改善 |
| 法　規 | 直接製品に関わるもの | 7公害他業務に関連する法規 |
| 継続的な改善 | 個別製品品質が主体 | 必須 |
| 影　響 | 直接取引者 | 地球環境 |

（日経エコ21　2000 資料参考追加）

第2章　環境報告書のここに注目する

## 24 ISO14001とはこんなもの

　ISO14001は1996年9月に国際標準化機構（ISO）で制定された，国際的な環境マネジメントの規格です。この規格の設立までの経緯は前ページの図のとおりです。1972年国連人間会議で環境への国際的な対応の必要性が討議されたのが始まりです。

　ISO14001の取得にはメリット・デメリットがあります。

　メリットとしては，環境意識改革が芽生え，環境保全活動をとおして社会的な活動を進めますので企業イメージの向上にも貢献します。企業活動に無駄がなくなり節約などでコストの削減にもつながります。

　しかし，実際に環境保全や改善に取り組み推進する現場においては，立ち上がり時，取得後の維持運用においてもさまざまなデメリットを感じています。推進事務局は，このような現場の声を十分に汲み取りできるだけ現場の作業の効率化を図る努力が求められます。

　ISO14001はISO14000シリーズの中で具体的に環境活動を進めるための要求規格を明確にしたもので，この規格に基づいて審査することによって環境活動の仕組みができていることを承認するものです。

　ISO14001の取得の手順は表のとおりです。まず重要なのは，トップの環境に関する高い認識と強いリーダーシップによってISO14001を取得するという意思決定です。つぎにどこの事業所を認定対象として申請するかの決定です。続いて社内の環境対策の組織作りです。組織がしっかりしていないと「笛吹けど踊らず」で表に示すつぎのステップ以降がな

## ❀ ISO14001取得手順と影響 ❀

### ISO14001取得の手順

| No. | 手順項目 | 参考事項 |
|---|---|---|
| 1 | トップの意思決定 | |
| 2 | 申請するサイトの決定 | 工場・敷地など |
| 3 | 社内の環境対策組織作り | 責任者，内部監査チームなど |
| 4 | 全従業員の教育・啓蒙活動 | ポスター，小冊子，講演会 |
| 5 | 環境マニュアルの文書化 | 事務手順書，作業指示書など |
| 6 | 環境記録 | 環境影響評価の記録，環境会議録 |
| 7 | 内部監査 | 内部監査総括計画，内部監査委員教育 |
| 8 | 外部認証登録手続 | 申請，契約 |
| 9 | 申請書類の作成 | 環境マニュアルの提出 |
| 10 | 初動監査 | （2日間延べ4人） |
| 11 | 本監査 | 適合性の証拠確認（3日間延べ18人） |
| 12 | 認証取得・登録証発行 | |

### ISO14001のメリット・デメリット

| メリット | 件数 | デメリット | 件数 |
|---|---|---|---|
| 環境意識改革 | 41 | 工数アップ | 22 |
| 企業イメージ向上 | 25 | 設備増加 | 18 |
| コスト削減 | 20 | 文書化負担 | 8 |
| 廃棄物減少 | 6 | 維持費用 | 7 |
| 利益増大 | 2 | | |

（1999.8. グローバル・エコ・フォーラム資料）

第2章 環境報告書のここに注目する

かなか進みません。

　ISOの認証を受けるということは，PDCAのサイクルで継続的に環境改善を行う仕組みがきちんと作られて機能しているかどうかの審査を受けて合格することです。ISO14001は認証取得後が環境管理活動の実質的なスタートといえます。取得までに作り上げた環境に関する方針の策定，実行計画，組織体制や仕組みの展開を図りながら継続して環境目標を達成していかなければなりません。

　環境マネジメント規格の内容は図のようになっています。ここでのポイントはPDCAのサイクルを回す部分です。特に環境方針は，企業のトップの環境経営への強い意識によってビジョンを明確にして打ち出すことが必要です。

　環境マネジメントの出発点は企業の環境方針です。環境方針によって企業の環境に対する基本理念と方向を明確にして，全社的にどのような考えのもとに活動していくかを明らかにします。

　環境方針に基づき具体的な計画が立案されます。目的・目標が明確になり，環境マネジメントプログラムが確立されます。以下実施および運用において，組織体制が整備され，実際の教育訓練や環境保全活動への意識付けと進んでいきます。環境関連のマニュアルの整備や文書化，環境活動の記録も取られ全社の集計が行われます。実施・運用状況の監視と結果の集計・分析によって，不具合の是正および予防措置がなされます。これらに続いて経営層による見直しが行われます。

　このようにして一連の活動を継続して進め，不具合を改善していくのが環境マネジメントの展開なのです。この活動を進めることによって，環境ばかりでなく，日常業務のマネジメント強化にもつながり経営体質の改善にも結びつきます。

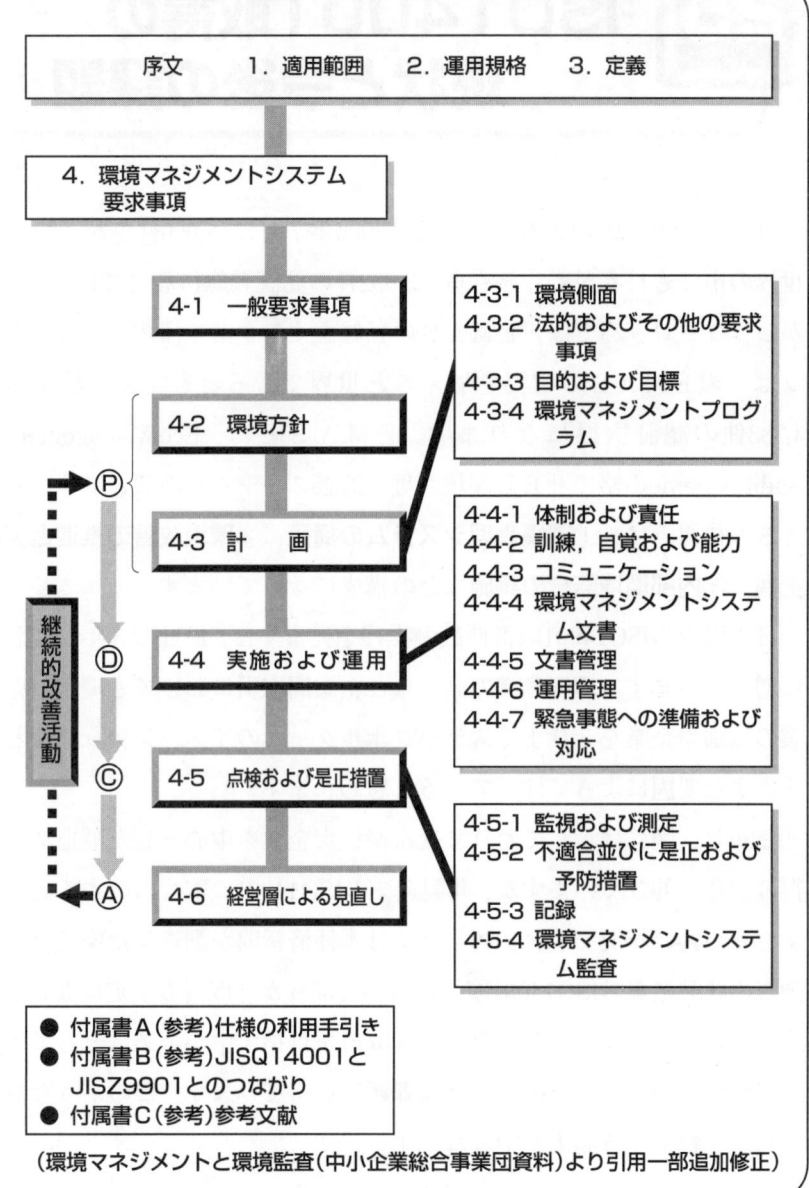

## ❀ ISO14001環境マネジメントシステム規格の内容 ❀

序文　1. 適用範囲　2. 運用規格　3. 定義

4. 環境マネジメントシステム要求事項

- 4-1　一般要求事項
- 4-2　環境方針
- 4-3　計　画
  - 4-3-1　環境側面
  - 4-3-2　法的およびその他の要求事項
  - 4-3-3　目的および目標
  - 4-3-4　環境マネジメントプログラム
- 4-4　実施および運用
  - 4-4-1　体制および責任
  - 4-4-2　訓練, 自覚および能力
  - 4-4-3　コミュニケーション
  - 4-4-4　環境マネジメントシステム文書
  - 4-4-5　文書管理
  - 4-4-6　運用管理
  - 4-4-7　緊急事態への準備および対応
- 4-5　点検および是正措置
  - 4-5-1　監視および測定
  - 4-5-2　不適合並びに是正および予防措置
  - 4-5-3　記録
  - 4-5-4　環境マネジメントシステム監査
- 4-6　経営層による見直し

継続的改善活動　P → D → C → A

- 付属書A（参考）仕様の利用手引き
- 付属書B（参考）JISQ14001とJISZ9901とのつながり
- 付属書C（参考）参考文献

（環境マネジメントと環境監査（中小企業総合事業団資料）より引用一部追加修正）

第2章　環境報告書のここに注目する

# 25 ISO14001取得の現状と今後の課題

　世界のISO14001の審査登録件数は2000年7月に18,000件を超えました。世界の中でも日本がもっとも多く3,992件の認証登録になっています。しかし，ヨーロッパでは，EMASの登録をする企業や団体があり，ドイツはこのEMASの取得を加えると世界でもっとも認証件数が多く4,383件の認証取得になります。EMASとは，Eco-Management & Audit Schemeの略で「EU環境管理・監査スキーム」のことです。EMASの枠組みは，**①環境管理システムの構築**，**②環境改善の推進と実績把握**，**③内部環境監査の実施**などの構成になっています。

　日本国内のISO14001取得件数の推移を見ますと，最近の3年間で急速に増えています。環境意識の高まりと企業間取引においても環境対応企業の選別や企業をとりまくステークホルダーへのイメージアップなどさまざまな要因によって伸びていると思われます。

　しかし，図には示しておりませんが，大企業を中心とした製造業の取得は急速に伸びていますが，非製造業のISO14001の取得に関する動きはまだまだ鈍い状況です。1999年度に日本経済新聞が調査した環境経営度調査の非製造業のISO14001取得について56％が「取得の予定はない」と答えています。また，これから認証取得を目指す中小企業にとっては，取得のためのコスト負担が大きな課題になっています。このようなコスト負担を軽減する施策が望まれます。

## ISO14000審査登録件数推移

### 世界のISO14001取得件数（2000年7月現在）

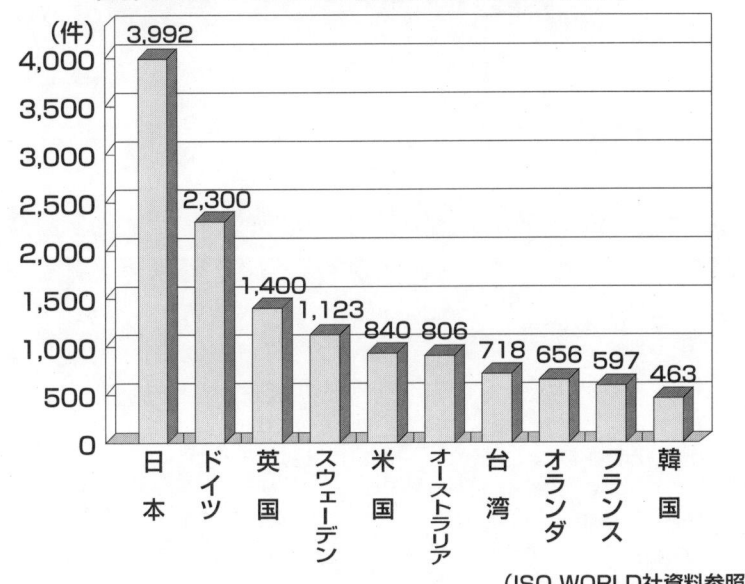

| 国 | 件数 |
|---|---|
| 日本 | 3,992 |
| ドイツ | 2,300 |
| 英国 | 1,400 |
| スウェーデン | 1,123 |
| 米国 | 840 |
| オーストラリア | 806 |
| 台湾 | 718 |
| オランダ | 656 |
| フランス | 597 |
| 韓国 | 463 |

（ISO WORLD社資料参照）

### 日本のISO14001取得件数推移（2000年9月現在）

| 年　月 | 1996.11 | 1997.11 | 1998.11 | 1999.11 | 2000.9 |
|---|---|---|---|---|---|
| 件　数 | 106 | 419 | 1,221 | 2,773 | 4,471 |

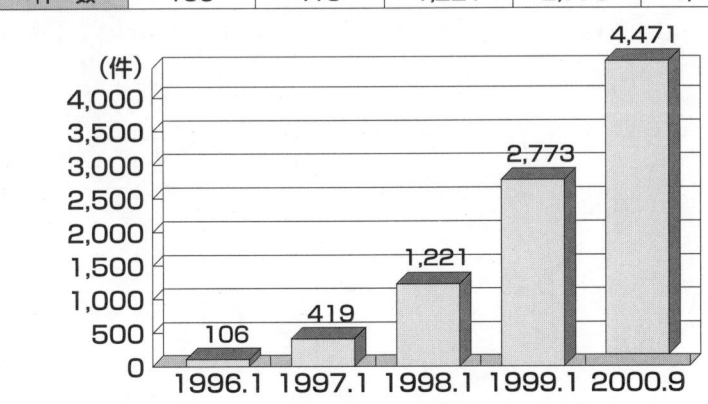

第2章　環境報告書のここに注目する

# 第3章 環境会計とはこんなもの

環境会計については世界的にもまだ統一された考え方や基準もなく，これから整備されて行く過程にあるものです。

欧米では，欧州のEMAS（EU環境管理・監査スキーム）や米国のEPA（環境保護庁）によって環境監査の基準が示されており，環境会計もこれに沿った形で公表している企業もありますが，会計制度はこれからというところです。

日本では環境報告書の開示が普及し始めた段階で環境会計に至ってはかなり先のことになりそうです。

しかし，いずれは制度の導入が必至のこととなりそうです。

この章では，考えられる展開や現在環境省をはじめその他の省庁が中心になって進めている環境対策のあり方を勘案しながら，環境会計制度のあらましをとらえてみます。

Environmental Accounting

## 26 環境報告書では会計関連の事項も報告される

　環境報告書グループ企業を含めて環境関連費用と効果とを対比した環境会計の内容を開示している会社もあります。

　会社によって環境会計に関する報告はさまざまです。それは環境会計に対して，どのような取り組みをすればよいのかはっきりした基準がないためというのが現状のようです。しかしその必要性は認めており，近い将来にはなんらかの形で報告がなされるものと期待されています。

　ただし，環境会計といってもまだ大企業が中心の段階であり，中小企業まで普及するにはかなり時間がかかりそうです。

　環境報告書における記述は大きく分けるとつぎの3つになります。
1．環境会計に関する項目がない
2．環境保全対策などに関する費用だけを報告している
3．環境保全対策の費用と効果とを報告している

　1．では環境会計という別立ての項目はないのですが，対策としてこのようなことをやっており，その効果として，例えばエネルギー削減量やコスト削減などが説明されています。2．では環境対策のための投資や費用がいくらかかったかを項目別に掲示しています。3．の場合は費用や投資とともにいくらの効果が出たのかまで記載されています。

　2．はまだ少ないですが，2．3．とも親会社だけのものと企業グループ全体のものとがあります。

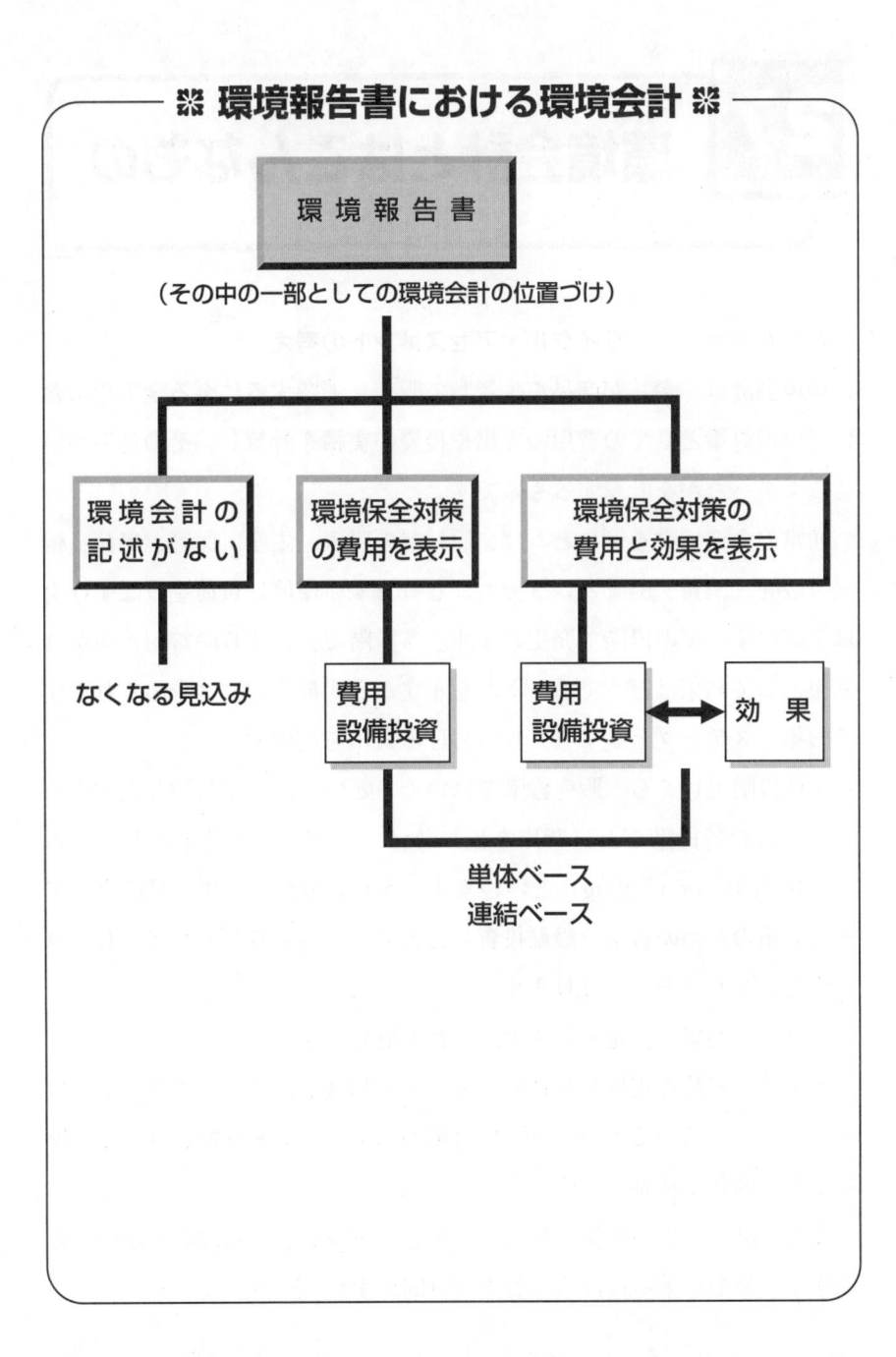

## ❊ 環境報告書における環境会計 ❊

```
        環 境 報 告 書
(その中の一部としての環境会計の位置づけ)
```

- 環境会計の記述がない → なくなる見込み
- 環境保全対策の費用を表示 → 費用・設備投資
- 環境保全対策の費用と効果を表示 → 費用・設備投資 ⇔ 効果

単体ベース
連結ベース

第3章 環境会計とはこんなもの

# 27 環境会計とはこんなもの

## LCA―ライフ・サイクル・アセスメントの考え

　環境会計は，会社が商品を生産して販売，消費するに至る全工程において環境対策としての費用の支出や投資の実績を計算し，その効果がいくらであったかを計算するものです。

　通常の企業活動を例にとれば，原材料の購入，生産，保管，出荷，輸送，販売，消費，廃棄という流れになります。環境に負荷を及ぼす行為は上記のすべての段階で発生します。各段階で，いくらの費用がかかり，効果として結果はどうであったかを示すことが最終的には求められます。その第一ステップとして各工程における費用を把握することです。

　生産段階でいくら，販売段階ではいくらというように分類します。

　LCAの各段階ごとに費用を振り分けて把握する方法をABC分析（Activity Based Costing）といいます。ABC分析の結果を積み上げて環境対策のための費用（設備投資を含めて）がいくらかを全体として算定することが出発点となります。

　それから効果の算定をしますがこれも厄介です。

　例えば，対策を実施した結果エネルギー削減がいくら，コスト削減はという形になるのですが，実際に対策の結果としてどう結び付けるのか基準の明確化や検証が必要です。

　環境会計は世界の状況を見ても，早急に実施しなければならないことですが，軌道に乗るにはまだ若干の時間がかかりそうです。

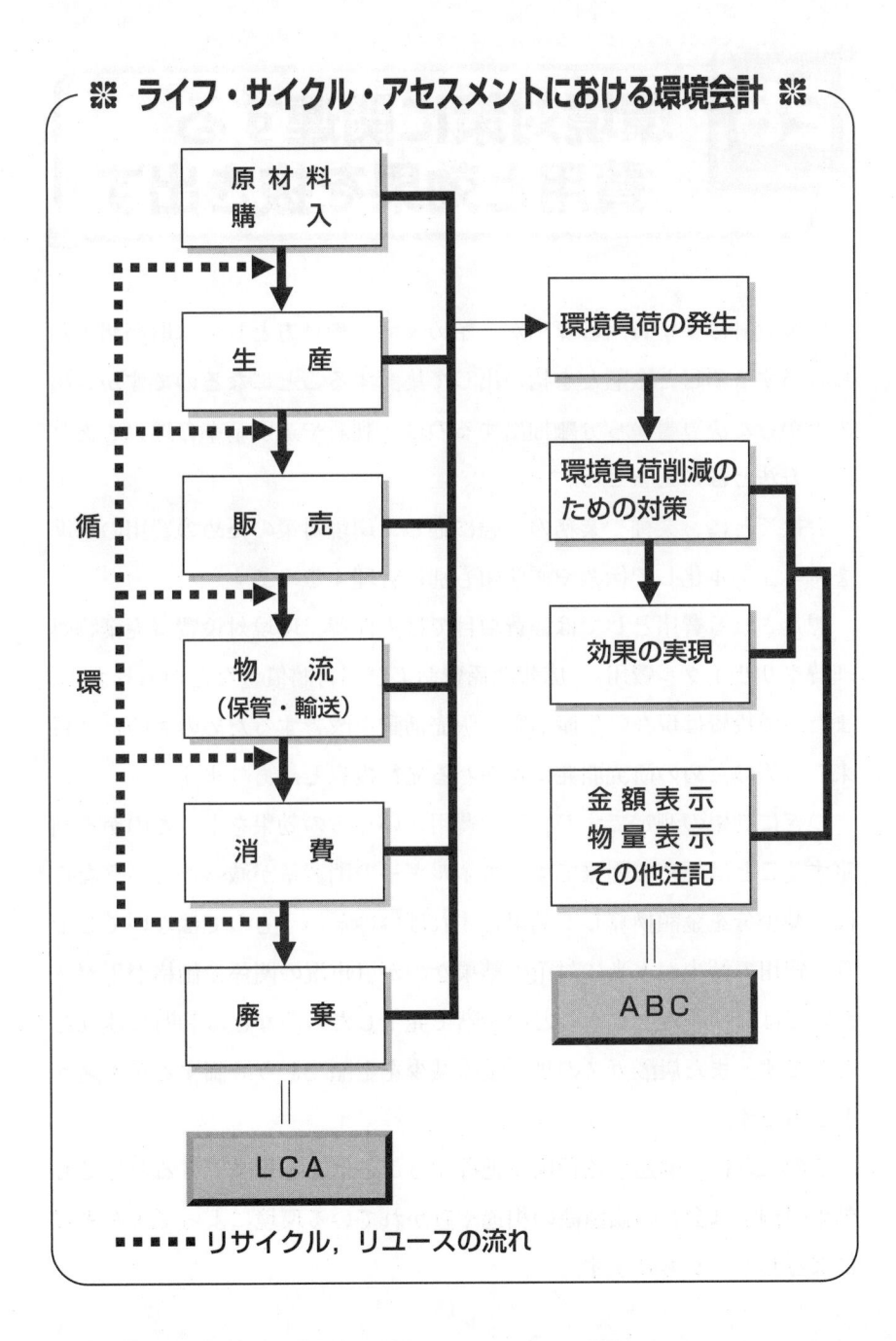

## ❁ ライフ・サイクル・アセスメントにおける環境会計 ❁

```
原材料購入
   ↓                  環境負荷の発生
   生産 ────────→         ↓
   ↓                  環境負荷削減の
   販売                ための対策
   ↓                    ↓
   物流              効果の実現
（保管・輸送）
   ↓                  金額表示
   消費                物量表示
   ↓                  その他注記
   廃棄                   ‖
    ‖                   ABC
   LCA
```

循環

■■■■ リサイクル，リユースの流れ

第3章 環境会計とはこんなもの

## 28 環境対策に関連する費用と効果を抜き出す

　環境会計はまず費用の算出から始めます。やり方としては財務諸表から該当する項目と金額とを拾い出して集計することになるのですが，出来上がった決算書から分離抽出するのは，判断や選別基準の違いもありよい方法とはいえません。

　会社ごとに，業種や業務の実態に応じて環境対策のための費用の基準をマニュアル化して伝票や帳票類も別に管理するのです。

　想定される費用としては経費項目では人件費，環境対策費（廃棄物処理費やリサイクル費用），広報関係費および損害賠償金などがあります。また設備投資は現在の生産活動や販売活動を改善するためのものと，将来の対策のための研究開発にかかわる先行投資とがあります。

　つぎに効果の測定ですが，どの費用がいくらの効果を上げたのかを判定することは極めて困難です。エネルギーの消費量が減ったというならば，減少分を金額換算して効果とすればいいというものではないでしょう。費用の減少が本当に対策の結果なのか（市況の関係で価格が下がったのではないか），ＬＣＡのどの段階で発生したのかなどは判断に迷うところです。また炭酸ガスの排出量の減少を金額でどう評価するかも迷うところです。

　このように，関連する費用を把握することはある程度できるとしても，効果の測定は会社の価値観の相違や置かれている環境によってまちまちになるおそれがあります。

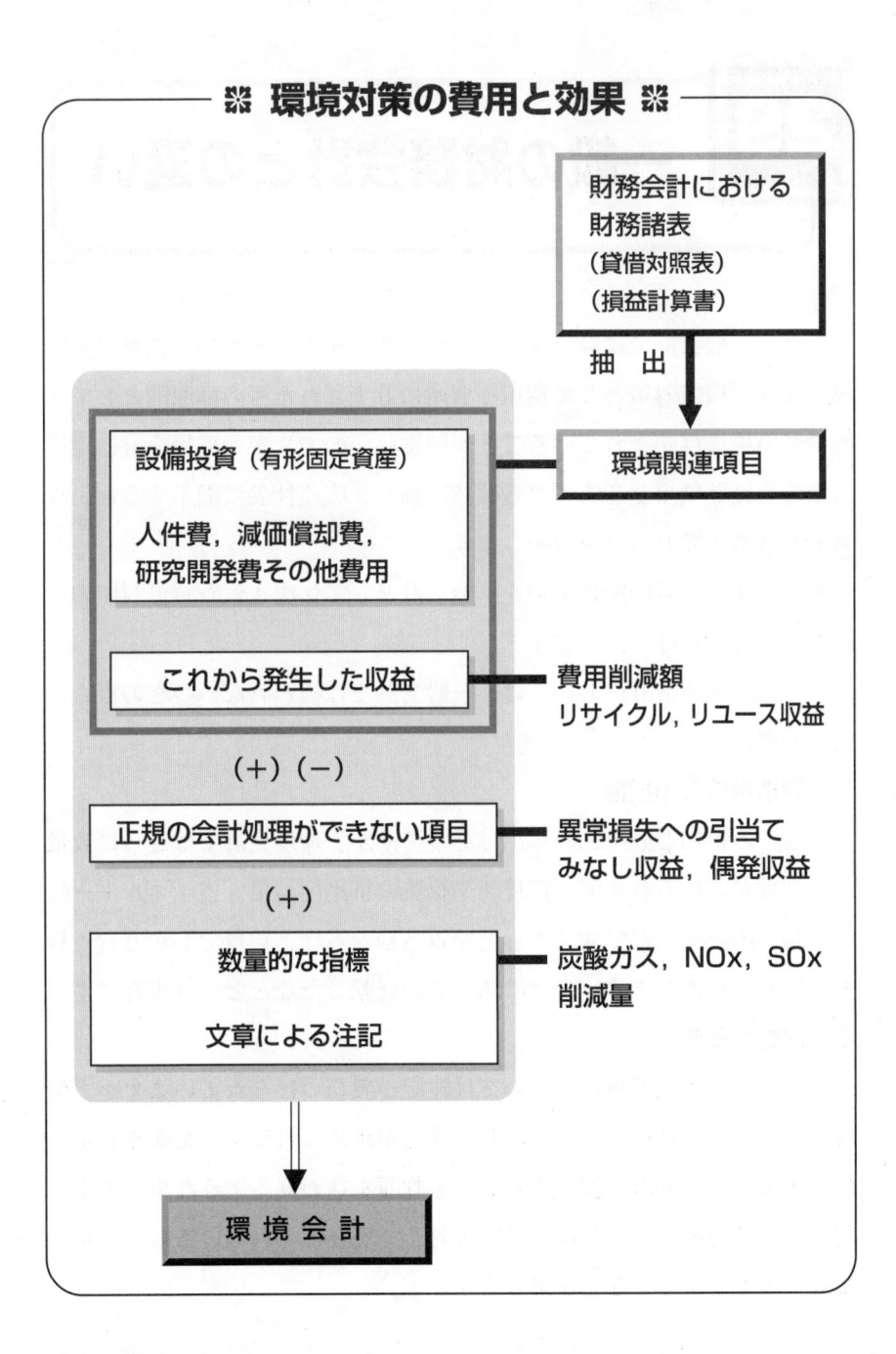

## ❈ 環境対策の費用と効果 ❈

第3章 環境会計とはこんなもの

```
                            ┌──────────────────┐
                            │ 財務会計における  │
                            │ 財務諸表         │
                            │ (貸借対照表)     │
                            │ (損益計算書)     │
                            └────────┬─────────┘
                                  抽 出
                                     ↓
┌─────────────────────────┐  ┌──────────────────┐
│ 設備投資(有形固定資産)  ├──│ 環境関連項目     │
│                         │  └──────────────────┘
│ 人件費,減価償却費,      │
│ 研究開発費その他費用    │
│                         │
│ ┌─────────────────────┐ │
│ │ これから発生した収益├─┼── 費用削減額
│ └─────────────────────┘ │   リサイクル,リユース収益
│       (+) (−)          │
├─────────────────────────┤
│ 正規の会計処理ができない項目├── 異常損失への引当て
│                         │    みなし収益,偶発収益
│          (+)            │
│ ┌─────────────────────┐ │
│ │ 数量的な指標        ├─┼── 炭酸ガス,NOx,SOx
│ │                     │ │   削減量
│ │ 文章による注記      │ │
│ └─────────────────────┘ │
└───────────┬─────────────┘
            ↓
      ┌──────────┐
      │ 環境会計 │
      └──────────┘
```

# 29 一般の財務会計との違い

　会社は一般会計では経営成績や財政状態を報告するために決算書を作成します。環境対策として費用や資産に計上されたものは原則として一般会計の中に反映されていることが望ましいのですが，環境会計は環境対策の実施と結果とをみずから確認評価し，広く社会に開示するという目的から若干変わった見方をします。

　まず，環境会計の関連事項を一般会計として作成された貸借対照表や損益計算書から抜き出します。

　ついで，環境会計においては，一般会計では扱われないつぎの点も考慮が必要です

## 1．数量単位での把握

　金額での費用と効果との算出は必要ですが，環境会計ではさらに数量での把握が求められます。環境汚染物質の排出削減量，省エネルギー量，廃棄物の削減量などです。もっと踏み込むならば，数量でしかとらえられないものもあります。土壌の汚染度が好転したなどという場合です。

## 2．注記が重要

　一般会計でも重要事項については注記が義務づけられていますが，環境会計ではその性格から見て詳しい注記が求められます。金額や数量では表示できないもの，仮に表示しても判断を迷わせるような事項です。将来発生の可能性がある環境障害に対して現在とられている対策とか，ゼロ・エミッションなどがあります。

## ❋ 環境会計と財務会計との違い ❋

| 環境会計 | 財務会計 |
|---|---|
| **コストの分類**<br>事業エリア内コスト<br>上・下流コスト<br>管理活動コスト<br>研究開発コスト<br>社会活動コスト<br>環境損傷コスト | 売上原価<br>（製造原価）<br>販売費および<br>　　　　一般管理費<br>営業外費用<br>特別損失 |
| **コスト削減益**<br>省エネルギー<br>代替原材料<br>廃棄物削減 | 該当費用の金額が減少<br>収益として認識しない |
| **みなし収益**<br>**偶発的収益**<br>収益として認識 | 該当なし |
| **数量的効果**<br>環境負荷削減量<br>　$CO_2$, $SO_x$, $NO_x$<br>環境改善効率<br>環境負荷利益率 | 該当なし |

# 30 内部環境会計と外部環境会計がある

　環境会計には会社やグループの内部で管理のために活用する内部環境会計と，外部の利害関係者に報告するための外部環境会計とがあります。
　2つの内容は共通していますが，活用の目的からその作成の方法や取り扱う範囲および表示形式が異なることがあります。
　外部環境会計が対象とする開示の相手方は不特定多数ですが，その中でも特に会社に利害関係を持つ相手を中心に求められる情報を適時，的確に伝えられるものでなければなりません。このような利害関係者をステークホルダーといいます。ステークホルダーの範囲は仕入先，得意先，資金の提供者（資金を貸し出す金融機関や出資者）などの取引関係者や債権者・債務者および地域社会さらには会社の従業員などです。ステークホルダーは開示される情報を詳しく分析して会社との取引を開始するかまたは継続するかなどの選択をします。
　外部に環境会計を報告するにあたっては，会社は環境憲章などで基本理念を公表します。ステークホルダーは環境会計の内容を吟味してこの基本理念どおりに会社が対策を実行していることを検証します。
　内部環境会計は会社が環境負荷に対して講じている対策を内部的に管理し改善しようとするものです。その資料は経営者の意思決定の判断基準となり，また会社で働く人々の活動の規範ともなります。さらに会社の収益との関係もわかってきます。

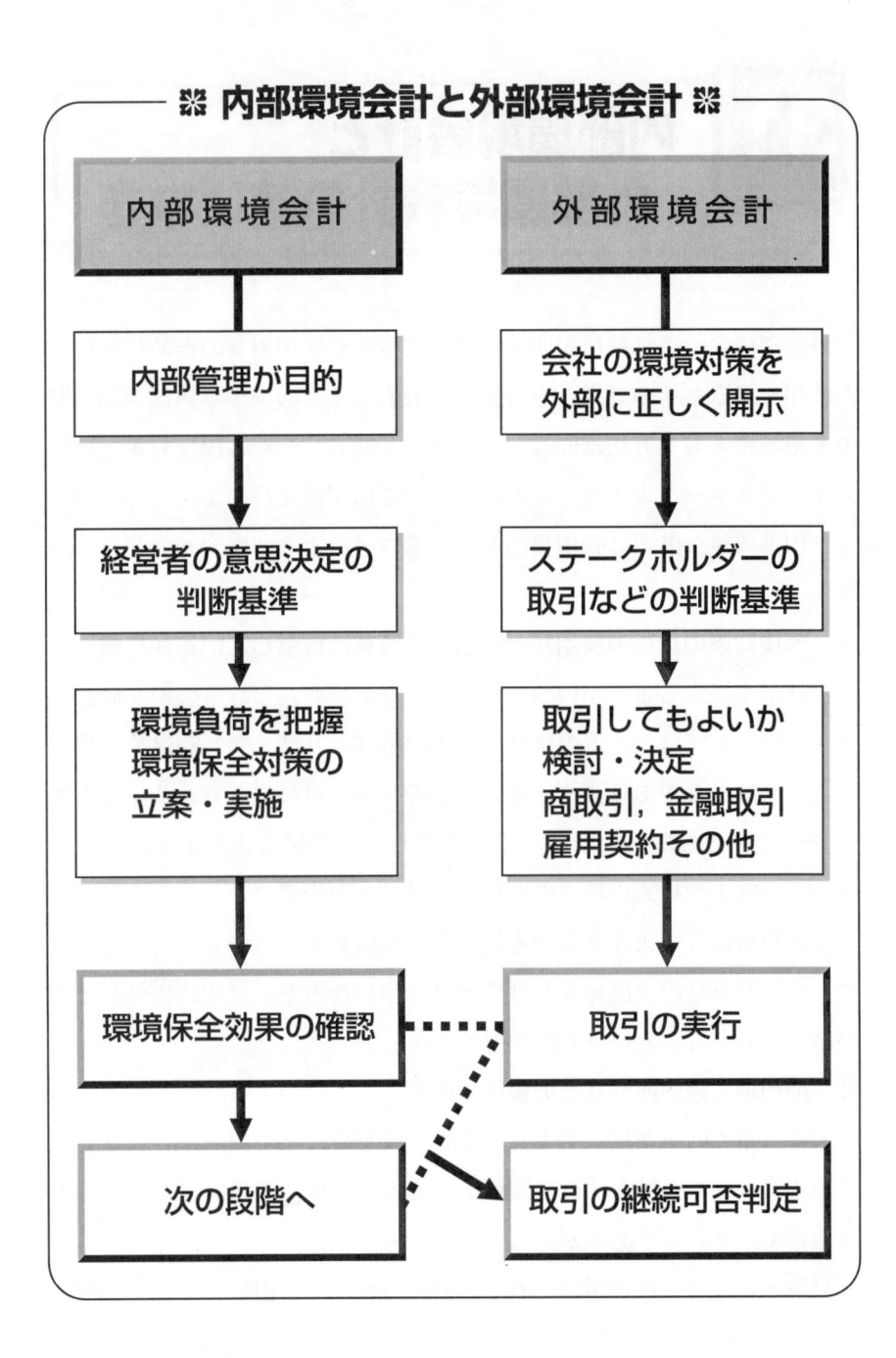

## 内部環境会計と外部環境会計

**内部環境会計**
- 内部管理が目的
- ↓
- 経営者の意思決定の判断基準
- ↓
- 環境負荷を把握 環境保全対策の立案・実施
- ↓
- 環境保全効果の確認
- ↓
- 次の段階へ

**外部環境会計**
- 会社の環境対策を外部に正しく開示
- ↓
- ステークホルダーの取引などの判断基準
- ↓
- 取引してもよいか検討・決定 商取引，金融取引 雇用契約その他
- ↓
- 取引の実行
- ↓
- 取引の継続可否判定

第3章 環境会計とはこんなもの

# 31 内部環境会計と外部環境会計の結びつき

　外部環境会計では後に説明するように会社が環境対策のために使用した費用や投資とその効果とを対比して公表するものです。内部環境会計でもその考え方や方法は同じです。ただし前者は会社の環境対策とその効果とをステークホルダーなどに公表して信頼度を高めて行くのに対して，内部環境会計では管理目的を含めてつぎのような内容が含まれています。

## 1. 環境対策のための費用がどのように収益に貢献しているかを検

　会社が支出する金額がいつ，どのような形で収益となるのかを確認します。形としてはコストの削減，売上の増加，リサイクル製品や再使用による収益などがあります。また，このように目に見えるあるいは金額で表示できるものだけではなく測定できない効果もあります。企業イメージの向上や株式市場での評価，格付けへの影響などです。

　環境対策はこのような効果を総合的に判断して実行することが必要です。今これだけの支出をすれば当面は赤字になるが，長期的に見ればよい結果をもたらすという判断が必要です。

## 2. 部門別，営業所別などの管理が必要

　会社は多くの事業部門や支社・支店・営業所などの組織から成り立っています。さらに拡大すれば関係会社があります。環境対策はこれらの事業単位ごとに行う必要があります。

　対策として使った費用はそれぞれの該当部門が負担し，それぞれの効

## ❈ 内部環境関係と外部環境会計との関係 ❈

望ましいケース

| 内部環境関係 | ＝ | 外部環境会計 |

起こり得るケース

| 内部環境関係 | ≠ | 外部環境会計 |

重点的にある部分を見る ➡ 原材料調達 ➡ 網羅性を欠く
　　　　　　　　　　　　物流部門

厳しい効果を要求 ➡ 少ないみなし収益
　　　　　　　　　　　➡ 効果の過小表示

果を算出します。例えば，A工場の環境防止対策投資が100，それによる原材料費削減などの効果が120となれば，収益への貢献は20と評価されます。もし，効果が赤字であれば，将来改善の可能性があるのか，見えない別の効果があるのかなどを総合的に判断してつぎの策を打ちます。

費用や収益は各部署で固有のもの，全社的な見地で会社全体で発生するものとがあります。前者はそのままその部署で計上すればよいのですが，後者は適当な比率で按分して配分します。

### 3．部署別の特有の事情による対策の違い

環境対策は部署によってやるべきことが違います。工場であれば省資源，代替エネルギーの開発，販売部門ならば販売ルートや物流の見直し，事務部門は省エネルギー，廃棄物の削減とさまざまです。それぞれの部署ごとの規程やマニュアルの整備が必要です。

## 外部環境会計と内部環境会計の関係

このような内部管理を行った結果を，会社または企業グループとして総合的にまとめたものが外部に公表する外部環境会計となります。

費用や収益で事業部署間にまたがって発生するものは各部署の評価を正しく行うためには内部振替が行われ，全体としては相殺します。

ただし，内部環境会計を行う際にはより厳しい見方をするためみなし収益を少なく表示するとか，目的によっては限られた一定の部分のみ取り扱うこともあるので，網羅性に欠け必ずしも外部環境会計と一致しないこともあります。このような不一致が生ずるときには注記や説明などの形で内部環境会計の実態が，ステークホルダーにわかるように表示することが望ましいでしょう。

## ❀ 内部環境会計と外部環境会計の手法 ❀

### 内部環境会計

部門・部署別
↓
部門・部署別の
コストと効果を測定
↓
各部門・部署の評価
↓
将来の重点目標と
注意すべき点を決定

細部にわたる管理が
でき，隠れたコスト＊
も発見できる。

＊　埋没原価など

### 外部環境会計

全社一体で見る
↓
全社のコストと
効果を測定
↓
全体の方向性を決定

改善点を見逃す
おそれあり

# 32 会社に直接関係がない費用や収益もある

　会社に直接関係がない費用や収益も発生します。これを社会的コスト，社会的ベネフィットといいます。

　通常は費用や収益は会社が負担し享受するのですが，会社が行ったことが間接的に影響して発生するものです。

　社会的コストとは，例えば，会社の活動が環境汚染を発生させるためにそれを排除するための費用です。

　社会的コストを負担するのは近隣社会などです。地方公共団体が行う廃棄物処理なども該当します。

　逆に社会的ベネフィットは，会社の行為が社会によい影響をもたらす場合です。代替の原材料を使用することができて，森林伐採を削減したために自然環境がよくなった場合がそうです。

　社会的コストや社会的ベネフィットは正確に算定する方法もないし，そういう事実があることはわかっていても処理方法も確立されていません。

　したがって，環境会計を実施するうえでこの概念を取り入れることは当分は難しいと思われます。しかし少なくとも内部環境会計の分野では考慮に入れておく必要があると思われます。

　政府の動きとして，社会的コストを会社に負担させようという目的で炭素税や排出権取引の実施が検討されています。欧米の一部の国々では実施段階に入っているところもあります。

## ❀ 社会的コストと社会的ベネフィット ❀

**社会的コスト**

```
┌──────────────┐
│  有害物の排出  │
└──────┬───────┘
       ↓
┌──────────────┐  コスト負担
│  環 境 汚 染  │──
└──────────────┘
  大 気 汚 染    ┌─────────────────────────┐
  水 質 汚 濁    │ 会社自身                   │
  土 壌 汚 染    │ 地方公共団体など公的機関      │
               │ 一般住民                   │
               └────────────┬────────────┘
                            ↓
               ┌─────────────────────────┐
               │ ・環境保全対策をしている会社  │
               │  としていない会社との差      │
               │ ・無関係者への強制的負担     │
               └─────────────────────────┘
```

**社会的ベネフィット**

```
┌──────────────┐
│ 社会貢献活動    │
│  地域緑化運動  │
│  ボランティア活動│
└──────┬───────┘
       ↓
┌──────────────┐
│ 会社への評価向上 │
└──────┬───────┘
       ↓
┌──────────────┐
│ 将来の収益へ    │
│  （間接的効果） │
└──────────────┘
```

第3章 環境会計とはこんなもの

# 第4章 環境会計報告書を見るポイント

※ 環境会計には、会社がその自主的な管理目的で行うものと外部の株主、債権者などの利害関係者（ステークホルダー）に開示する目的で作成するものとがあります。

内容は実質的に同じでなければなりませんが、使用目的が違ってくることもありますから、対象として取り上げる項目や様式、場合によっては金額が違ってくることはやむを得ません。

一般に前者を外部環境会計、後者を内部環境会計として区別します。

ここでは、ステークホルダーの立場から外部環境会計のどのようなところに注目すれば会社が行っていることがわかるかを中心に説明します。

Environmental Accounting

## 33 会社は外部に環境会計を開示・説明の義務がある
### ―アカウンタビリティー―

　会社はこれまでに取り組んできた，そして現在実行中の環境対策に関する経過や実績を会計面から把握して外部の利害関係者に開示しなければなりません。それを会社のアカウンタビリティーといいます。

　ここでは，会社が環境対策としてどの分野にいくらの費用を使い，あるいは投資をして，その効果はどうであったかが示されます。

　会社が毎年この報告を定期的に正確に実施していると，外部からの会社の評価が向上します。株価が上がったり，格付機関が行う格付けにも反映されることもあります。

　外部環境会計の実務的なやり方や開示の方法についてはまだ具体的な基準や様式が確定されておらず，実施はこれからの課題です。

　参考となる資料は，前述の環境庁の基準やさらにこれらを受けて1999年12月6日に経営研究調査会が発表した「環境会計に対する基本的考え方―環境会計の概念フレームワーク構築に向けて」です。

　環境報告書では一部環境会計の状況について取り上げているものもあります。中には環境に対する費用・投資とその効果まで開示している事例もありますが，各社によってその報告様式はまちまちです。

　さらに環境会計では，財務会計とは違って金額だけではなく量的な面（例えば資源削減効果）も求められます。

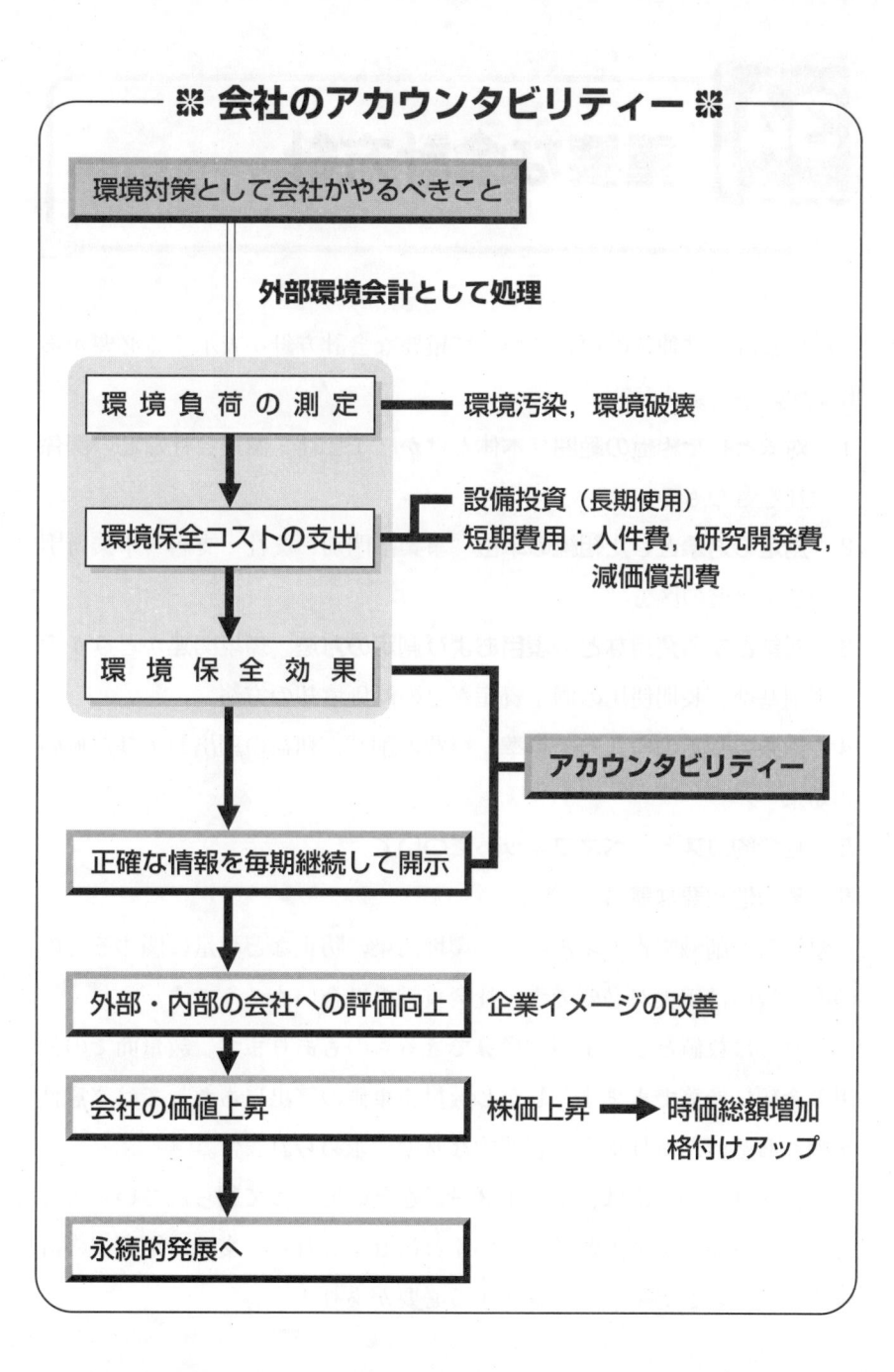

## ❊ 会社のアカウンタビリティー ❊

```
環境対策として会社がやるべきこと
        │
        │ 外部環境会計として処理
        ▼
┌──────────────────────┐
│ 環境負荷の測定  ──── 環境汚染,環境破壊
│        │
│        ▼           ┌─ 設備投資(長期使用)
│ 環境保全コストの支出 ─┤
│        │           └─ 短期費用:人件費,研究開発費,
│        ▼                         減価償却費
│ 環境保全効果 ───────┐
└──────────────────────┘      │
        │              アカウンタビリティー
        ▼
正確な情報を毎期継続して開示
        │
        ▼
外部・内部の会社への評価向上  企業イメージの改善
        │
        ▼                            時価総額増加
会社の価値上昇       株価上昇 ──▶ 格付けアップ
        │
        ▼
永続的発展へ
```

第4章 環境会計報告書を見るポイント

# 34 重要な会計方針

　環境会計では独特の項目について重要な会計方針を表示する必要があります。

1. **対象とした組織の範囲**　本体だけか，子会社・関連会社などの関係会社を含むものか
2. **測定の対象とした組織の単位**　事業部門別，支社・支店・事業所別，会社別などの区分
3. **対象とする費用などの項目および測定の方法**　環境関連かどうかの選別基準，長期使用の固定資産などの減価償却の方法
4. **効果の測定の考え方と基準**　経費の削減，利益の創出および無形の効果
5. **社会的コスト・ベネフィットについて**
6. **その他重要な事項**

　原材料の削減や省エネルギー，環境汚染の防止など数量に関するものの取り扱いは工夫が必要です。社会貢献の度合いもそうです。

　これらは数値として金額に換算できるものもあります。数量面での効果は金額に換算できます。しかし数量や単価の算出にあたっては恣意性が働くおそれがあります。客観的な基準が求められます。

　社会貢献については，企業イメージなどの形として創られていくものであり，金額表示は困難です。いずれにせよこれらを文章で期間中の計画や目標および実績として説明する必要があります。

## ❖ 環境会計に対する会社の考え方を見る ❖

**対象とした範囲** ― 単体
　　　　　　　　　　◎連結

**開示の区分** ― 全体として一括
　　　　　　　◎本体と関係会社に区分
　　　　　　　◎部署別，商品別で区分

**費用など** ― ・項目は具体的か
　　　　　　・選別の基準は明確か
　　　　　　・計算根拠がわかるか
　　　　　　・減価償却は適正か

**効　果** ― ・具体的な名称で表示されているか
　　　　　・選択された項目は妥当か

**社会的コスト** ― ・認識の度合い
　　　　　　　・それに対してどう対応しているか
　　　　　　　　　社会貢献度など

**非資金的項目** ― ・有害物質の削減量
　　　　　　　・環境負荷改善率
　　　　　　　・改善負荷の利用効率
　　　　　　　・その他

→ 総合的に判断

# 35 環境会計で求められる情報の条件

　環境対策を外部に公表する場合に求められる基本的な内容としては包括性，信頼性および比較可能性があります。

### 包 括 性

　会社が対策として行っているすべての対策ならびに効果を開示します。1つの工場や本体だけのものでは不十分です。すなわち企業グループとしての全体の実態を連結ベースで開示することです。ただし，ここでは重要性の原則が適用されます。全体から見て重要性の低いものまたは開示するとかえって誤解を招くような情報は省略します。ただしその旨は注記などなんらかの形で説明しておきます。

　何が重要かの判断は会社に任せなければならないわけですが，いずれは客観的に妥当と思われる基準や規則の設定も必要でしょう。

### 信 頼 性

　開示された情報は信頼に足るものでなければなりません。ということは，外部の利害関係者がデータを見て真実なものであることを検証できるということです。しかし一般の消費者その他関係者が提供された情報を見て検証することは容易ではありません。

　環境監査は信頼性を確かめるための1つの手段です。公的に認証された監査機関などが監査を行って正しく会社の実態を伝えていることを証明するものです。環境監査は日本ではまだ確立された制度がありませんが，欧米ではすでに環境監査の概念が導入されて一定の条件の下に企業

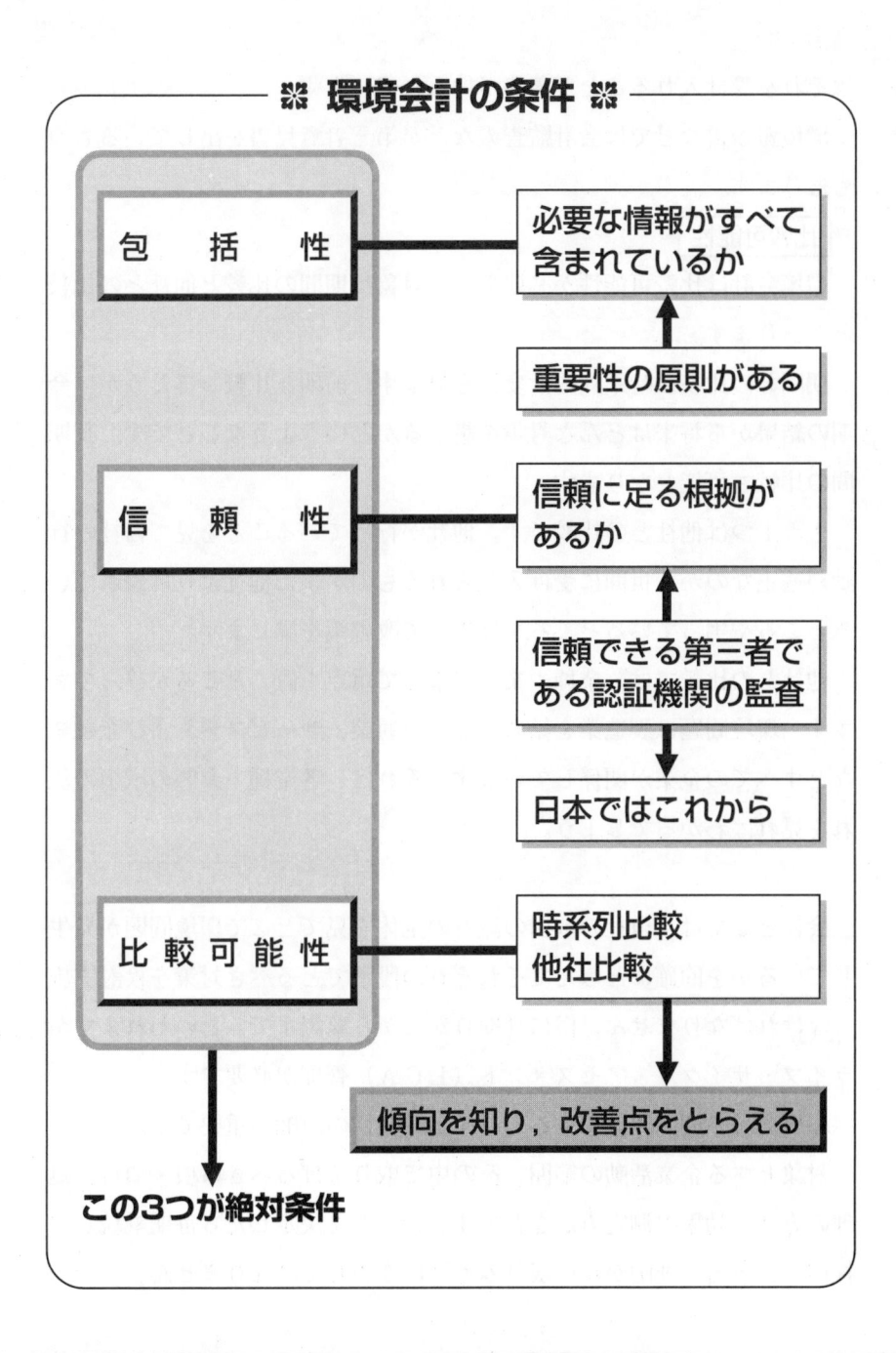

## ❀ 環境会計の条件 ❀

```
┌─────────────┐       ┌──────────────────┐
│  包 括 性    │───────│ 必要な情報がすべて │
└─────────────┘       │ 含まれているか    │
                      └──────────────────┘
                              ↑
                      ┌──────────────────┐
                      │ 重要性の原則がある │
                      └──────────────────┘

┌─────────────┐       ┌──────────────────┐
│  信 頼 性    │───────│ 信頼に足る根拠が   │
└─────────────┘       │ あるか            │
                      └──────────────────┘
                              ↕
                      ┌──────────────────┐
                      │ 信頼できる第三者で │
                      │ ある認証機関の監査 │
                      └──────────────────┘
                              ↕
                      ┌──────────────────┐
                      │ 日本ではこれから   │
                      └──────────────────┘

┌─────────────┐       ┌──────────────────┐
│  比 較 可 能 性 │────│ 時系列比較        │
└─────────────┘       │ 他社比較          │
                      └──────────────────┘
                              ↓
                   ┌────────────────────────┐
                   │ 傾向を知り，改善点をとらえる │
                   └────────────────────────┘
```

**この3つが絶対条件**

はそれを受け入れることが義務づけられています。

　環境報告書などでは会計監査人などが第三者意見書を出しているものもあります。

### 比較可能性

　環境会計は比較可能性が必要です。対象は期間の比較と他社との比較とがあります。

　期間との比較は時系列的な変化を見ます。前期と比較してどうか，今期の結果から将来はどんな対策を講じるかというようなことです。長期間の比較も可能となります。

　もう1つは他社との比較です。他社が行っていることを見て自社の行動が適正なのか，世間に受け入れられるものかまた他社よりは優れているところや劣っているところを見出して改善策を講じます。

　他社との比較では，業種や業態によって重点を置くところが違ってきます。環境問題は製造業を始めとして流通業，サービス業および金融業などすべての企業が関係しています。それは，各業種・業態の取引の流れを見ればわかるでしょう。

　会社としては，自社の取引の流れの全体を見てどこで環境問題が発生しているかを的確にとらえてそれぞれの段階でとるべき対策を検討実施しなければなりません。俗に「ゆりかごから墓場まで」といわれますがライフ・サイクル・アセスメント（LCA）管理が必要です。

　環境会計の期間比較をするためには継続性の原則が重要です。

　対象とする企業活動の範囲，その中で取り上げるべき事項・項目，処理の方法，効果の測定方法などです。いったん決定したら毎期継続して採用し，正当な理由がない限りみだりに変更してはなりません。

## 財務会計の原則との対比

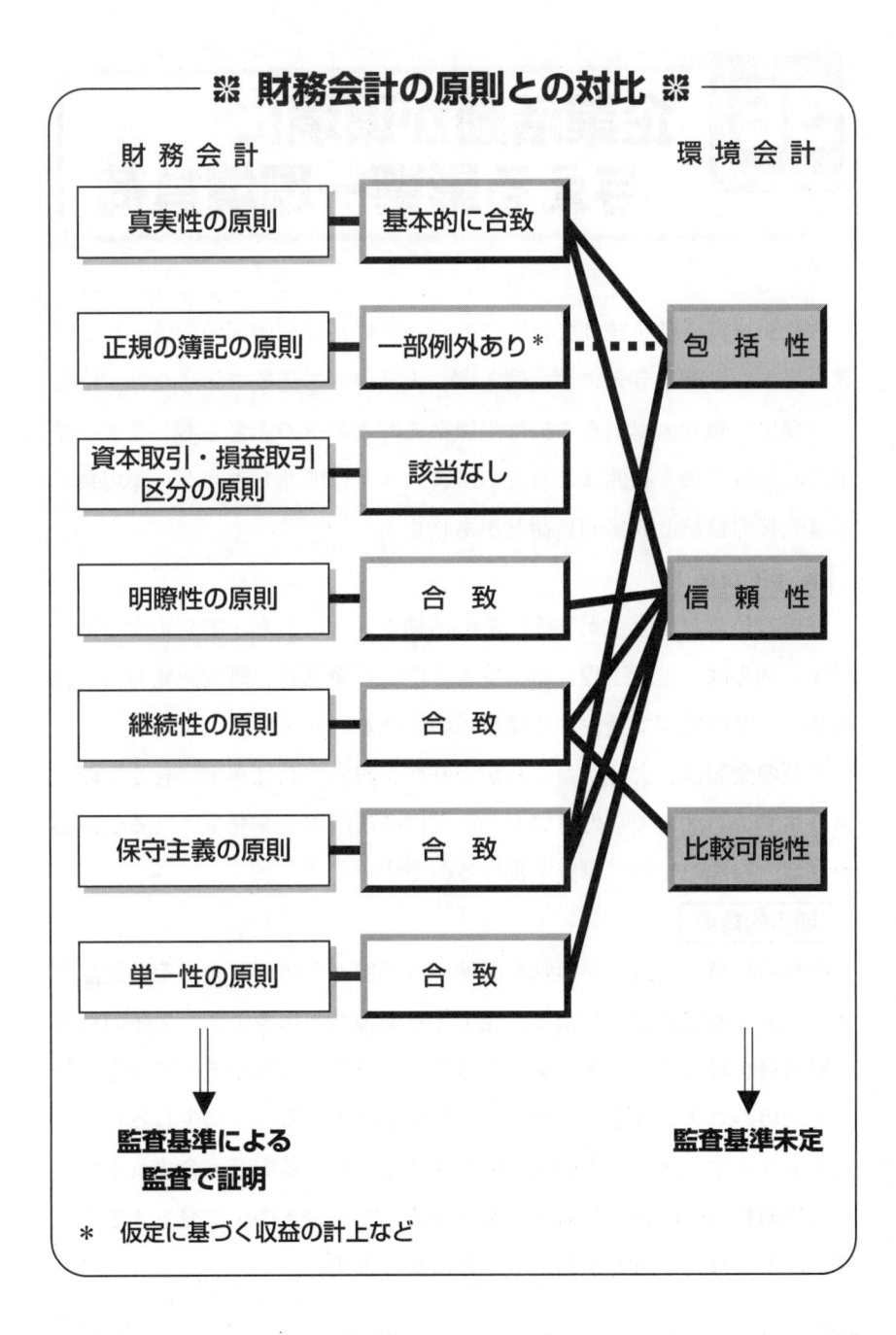

財務会計 / 環境会計

| 財務会計 | | 環境会計 |
|---|---|---|
| 真実性の原則 | 基本的に合致 | 包括性 |
| 正規の簿記の原則 | 一部例外あり* | |
| 資本取引・損益取引区分の原則 | 該当なし | |
| 明瞭性の原則 | 合致 | 信頼性 |
| 継続性の原則 | 合致 | |
| 保守主義の原則 | 合致 | 比較可能性 |
| 単一性の原則 | 合致 | |

↓ 監査基準による監査で証明

↓ 監査基準未定

\* 仮定に基づく収益の計上など

# 36 企業活動が環境に与える影響—環境負荷

　会社が経営活動を続けて行くにあたっては外部や内部の環境に対してさまざまな影響を与えます。例えば，大気中への汚染であったり，廃棄物の発生，騒音・臭気さらには生態系そのものへの影響もあります。環境会計が取り扱う範囲はこれらの影響すべてに関連しますが，環境負荷には直接的負荷と間接的負荷とがあります。

## 直接的負荷

　直接的負荷とは会社が実際にその活動を行うにあたって発生する影響です。例えば，生産工程においてあるいは営業活動，研究開発および管理業務などの過程で発生する環境への影響をいいます。

　負荷の金額は，会社がなんらかの基準を設定すれば算定できるものもあります。石油いくらの燃焼がどれだけの炭酸ガスを発生させるかがわかれば，石油の数量に単価を掛けるのです。

## 間接的負荷

　間接的負荷とは会社が活動を開始する準備のために，またその製品やサービスを外部に提供した後に発生する環境への影響です。生産のために原材料を購入するときに発生する負荷（資源の採取やその資源を精製するためのコストなど）や販売した製品を使用するときに生じる負荷などがあります。使用した製品を廃棄することによる影響も含まれます。

　直接的負荷と間接的負荷を把握することでLCAの中で発生するすべての環境に与える影響がわかることになります。

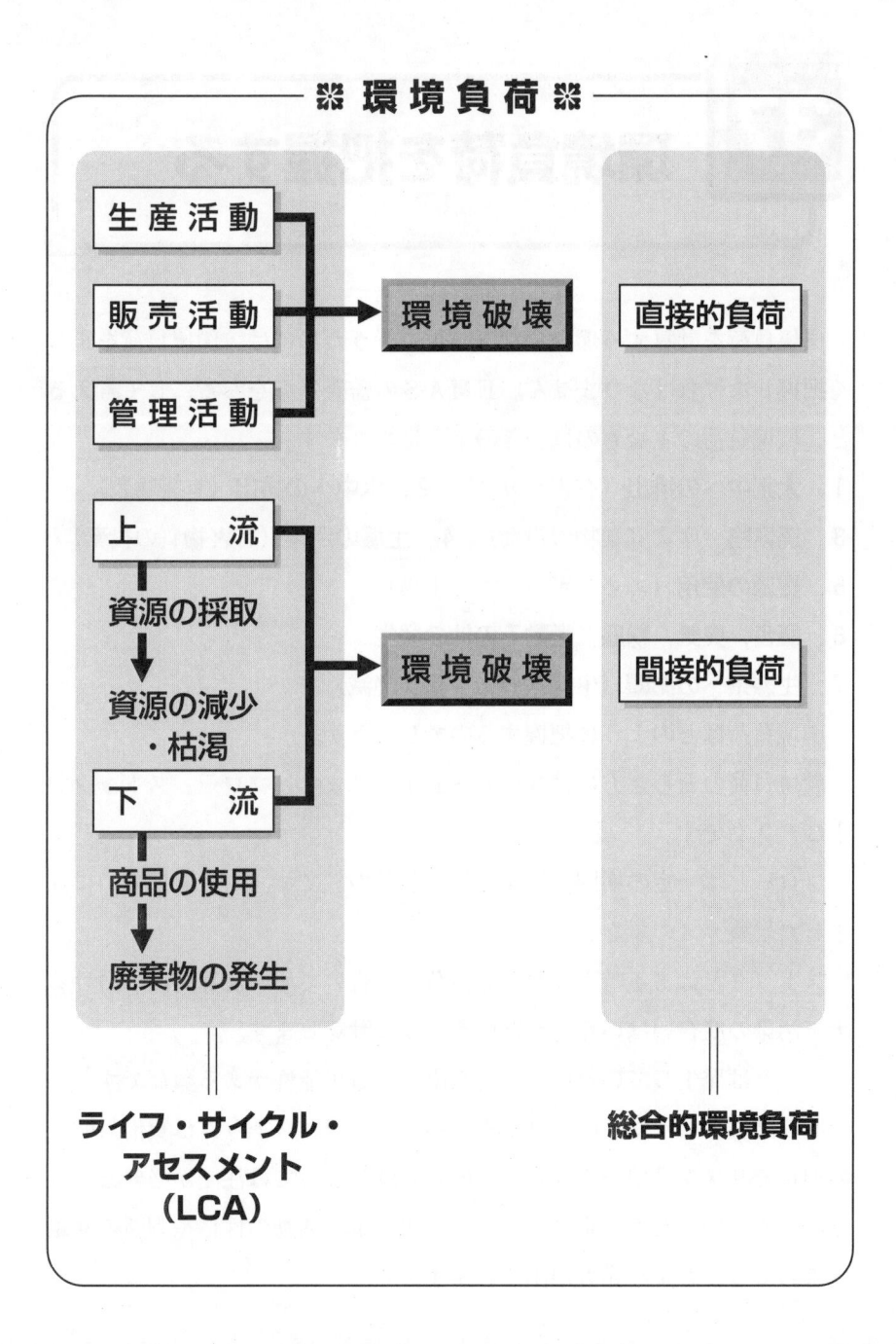

## 環境負荷

```
┌─────────┐
│ 生産活動 │──┐
├─────────┤  │
│ 販売活動 │──┼──→ 環境破壊      直接的負荷
├─────────┤  │
│ 管理活動 │──┘
└─────────┘

┌─────────┐
│  上  流 │──┐
└─────────┘  │
    ↓        │
  資源の採取 │
    ↓        │
  資源の減少 ├──→ 環境破壊      間接的負荷
   ・枯渇    │
┌─────────┐  │
│  下  流 │──┘
└─────────┘
    ↓
  商品の使用
    ↓
  廃棄物の発生
```

**ライフ・サイクル・アセスメント（LCA）** | **総合的環境負荷**

## 37 環境負荷を把握する

　環境負荷を計算する環境会計を適正に行うためには，環境負荷を正しく把握しなければなりません。EMASの監査基準を参考にして考えると，環境負荷の主なものはつぎのようになります。

1．大気中への排出（有害なガス）　2．水中への排出（有害物質）
3．廃棄物（産業廃棄物の投棄）　4．土壌の汚染（有害物質の投棄）
5．資源の使用（エネルギー，水，土壌）
6．騒音，臭気，粉塵，振動その他の発生
7．生態系への影響（生態系の希少化，絶滅）

　環境負荷はどのように把握するのでしょうか。

　環境負荷のとらえ方には3つの側面があります。フロー，ストックおよびリスクです。

　フローとは一定の期間中に発生した負荷の額です。一決算期間中に発生した炭酸ガスの量などです。

　ストックとはある時点における負荷の度合いです。決算時点における大気汚染の度合いはいくらかというように計算します。

　リスクは発生していないが，将来出てくる可能性がある負荷です。

　財務諸表でいうならば，フローは損益計算書，ストックは貸借対照表の項目でリスクは偶発事項で内容の重要度によっては注記が必要というものです。いずれも算定はやっかいです。企業活動の性格や判断の立場によってさまざまな見方が出てきます。

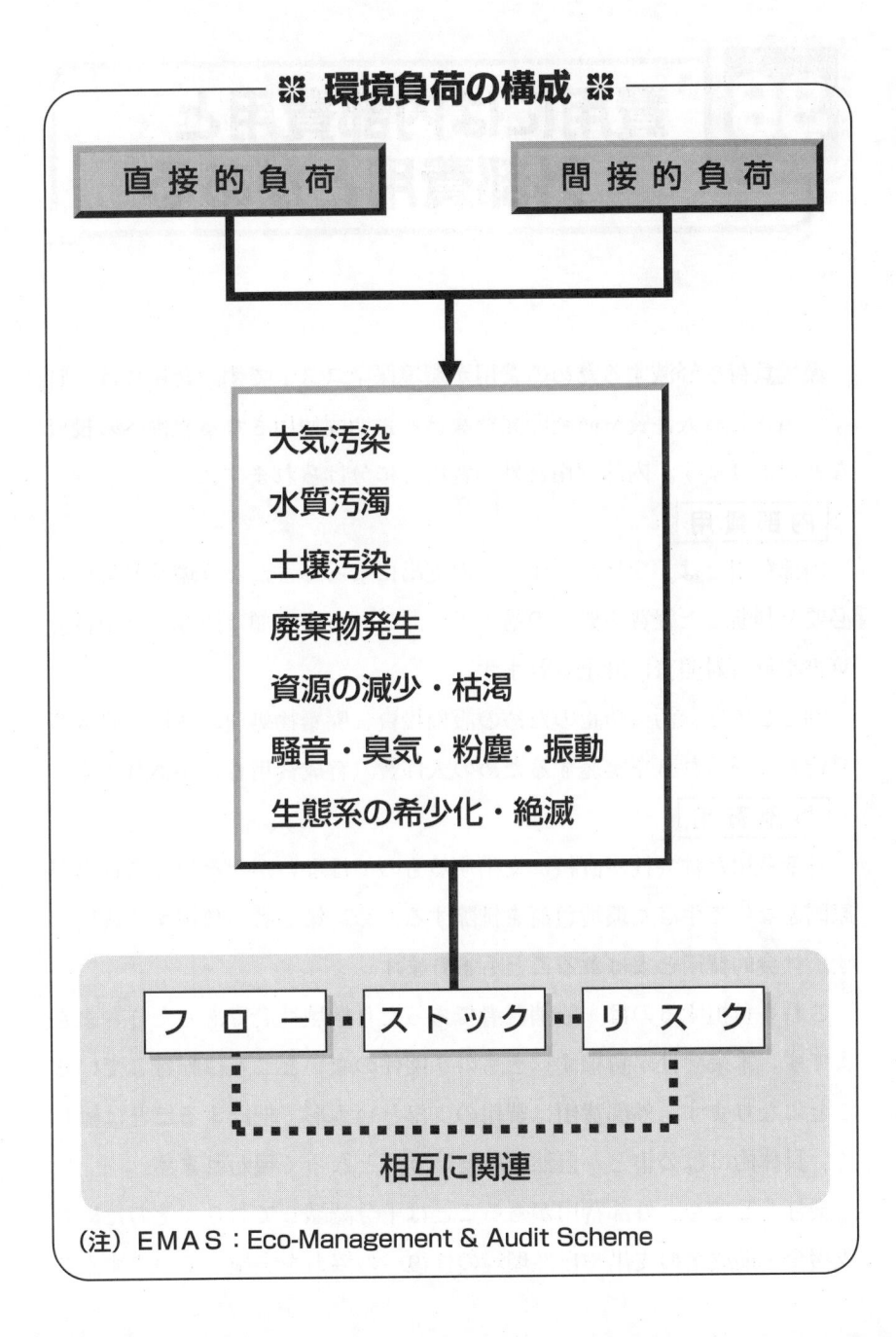

## 環境負荷の構成

- 直接的負荷
- 間接的負荷

↓

- 大気汚染
- 水質汚濁
- 土壌汚染
- 廃棄物発生
- 資源の減少・枯渇
- 騒音・臭気・粉塵・振動
- 生態系の希少化・絶滅

フロー … ストック … リスク

相互に関連

(注) EMAS：Eco-Management & Audit Scheme

第4章 環境会計報告書を見るポイント

## 38 費用には内部費用と外部費用とがある

　環境負荷を軽減するための費用が環境保全コストです。費用には一時に支出される人件費や研究開発費などと長期間使用される設備への投資などがあります。内部費用と外部費用とに分けられます。

#### 内部費用

　内部費用とは，会社がみずからの支出によってまかなう環境対策から必要と判断した経費や資産の購入です。これらの金額は決算では損益計算書や貸借対照表に計上されます。

　例としては，汚染防止のための設備投資，廃棄物処理の費用，研究開発費およびそれらを実施するための人件費（育成費用も）があります。

#### 外部費用

　外部費用とは会社が直接に支出するものではないが，その経営行為が原因となって生じた環境負荷を排除するために第三者が負担する費用です。社会的費用とよばれることもあります。

　これを負担するのは一般消費者であったり地域社会であったりさまざまです。本来会社が負担すべきものを関係のないところに転嫁していることになります。外部費用は費用の支出という形で把握することは難しく，具体的には公害とか自然破壊という形となって現われます。

　会社としても，外部費用があることは十分認識しており，そのための支援金・助成金の支出や自然環境の修復への協力を実施しています。こ

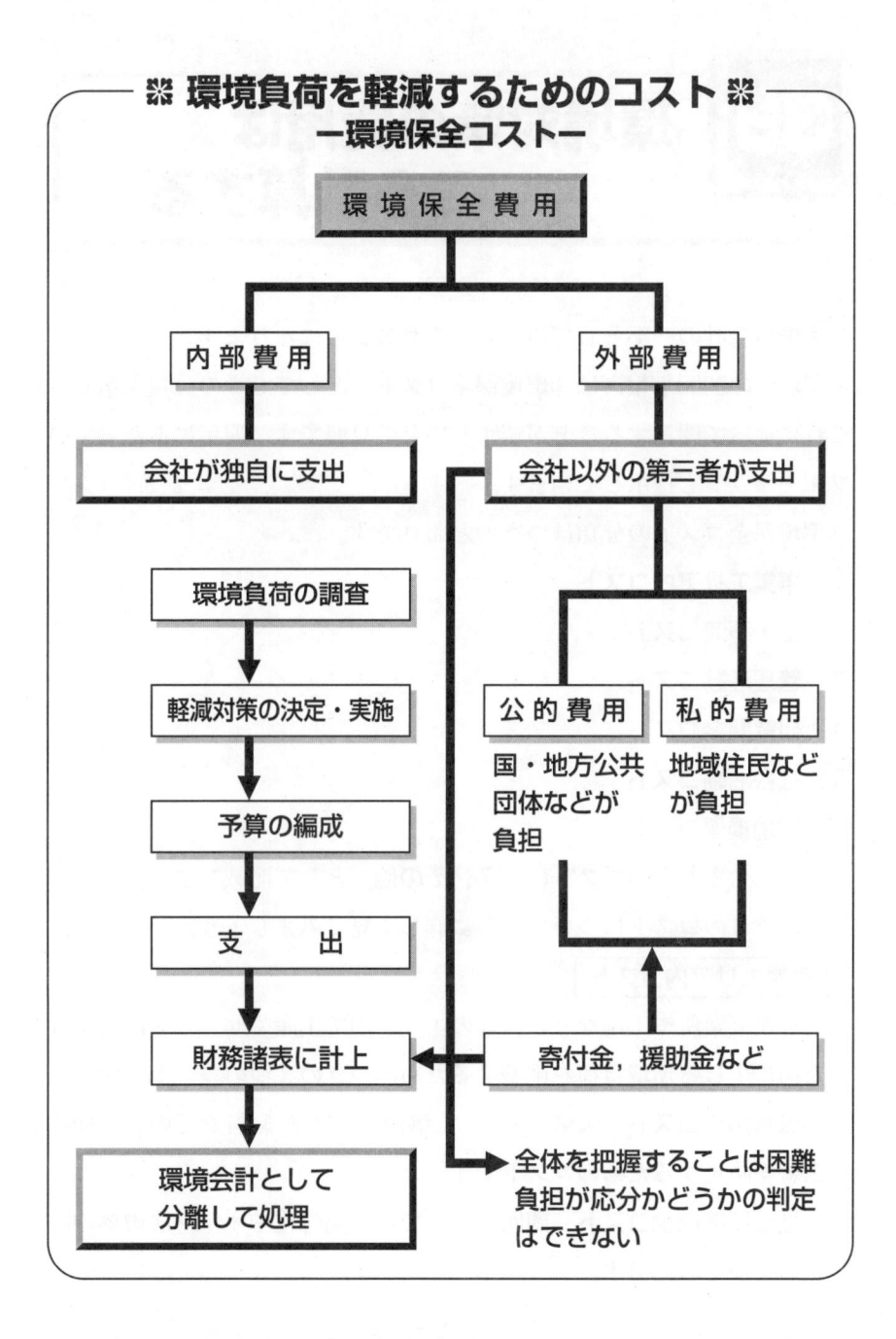

## ❀ 環境負荷を軽減するためのコスト ❀
### ―環境保全コスト―

```
           ┌─────────────┐
           │  環 境 保 全 費 用  │
           └──────┬──────┘
         ┌────────┴────────┐
    ┌────┴────┐       ┌────┴────┐
    │ 内部費用 │       │ 外部費用 │
    └────┬────┘       └────┬────┘
┌────────┴────────┐ ┌──────┴──────────┐
│ 会社が独自に支出 │ │ 会社以外の第三者が支出 │
└────────┬────────┘ └──────┬──────────┘
                           │
  ┌──────────────┐    ┌────┴────┬─────────┐
  │ 環境負荷の調査 │    │         │         │
  └──────┬───────┘  ┌──┴───┐ ┌──┴───┐
         ↓          │公的費用│ │私的費用│
  ┌──────────────┐  └──────┘ └──────┘
  │軽減対策の決定・実施│ 国・地方公共  地域住民など
  └──────┬───────┘  団体などが    が負担
         ↓           負担
  ┌──────────────┐
  │   予算の編成    │
  └──────┬───────┘
         ↓
  ┌──────────────┐
  │   支   出     │
  └──────┬───────┘
         ↓
  ┌──────────────┐    ┌──────────────────┐
  │ 財務諸表に計上  │←───│ 寄付金, 援助金など │
  └──────┬───────┘    └──────────────────┘
         ↓
  ┌──────────────┐    全体を把握することは困難
  │ 環境会計として  │    負担が応分かどうかの判定
  │ 分離して処理   │    はできない
  └──────────────┘
```

第4章 環境会計報告書を見るポイント

## 39 環境対策の費用はこう計算する

れも環境会計の一部として組み入れられることになります。

環境庁の2000年報告は「環境保全コスト」として6つの分類を示し、これに従って開示することが望ましいとの見解です。開示にあたってのフォーマットも提示しています。

環境保全コストの分類はつぎのとおりです。

1．事業エリア内コスト
2．上・下流コスト
3．管理活動コスト
4．研究開発コスト
5．社会活動コスト
6．環境損傷コスト

上記に含まれないコストは「7．その他」として記載します。

それぞれのコストについてさらに詳しく見てみましょう。

### 事業エリア内コスト

会社が事業所や工場などの自社のエリア内で生産やサービス活動を行うために生じる環境負荷を削減するためのつぎの3つのコストです。

① **公害防止コスト** 大気、水質、土壌汚染、臭気・騒音などのいわゆる公害を防止するためのコストです。
② **地球環境保全コスト** 問題とされている温暖化やオゾン層破壊の防止およびその他です。

## 環境保全コストの分類

- 資源の採掘など → 上流コスト
- 原材料購入
- 生 産 → 事業エリア内コスト／管理活動コスト／研究開発コスト
- 販 売
- 物 流 → 下流コスト
- 消 費
- 廃棄または回収 → 社会活動コスト／環境損傷コスト

第4章　環境会計報告書を見るポイント

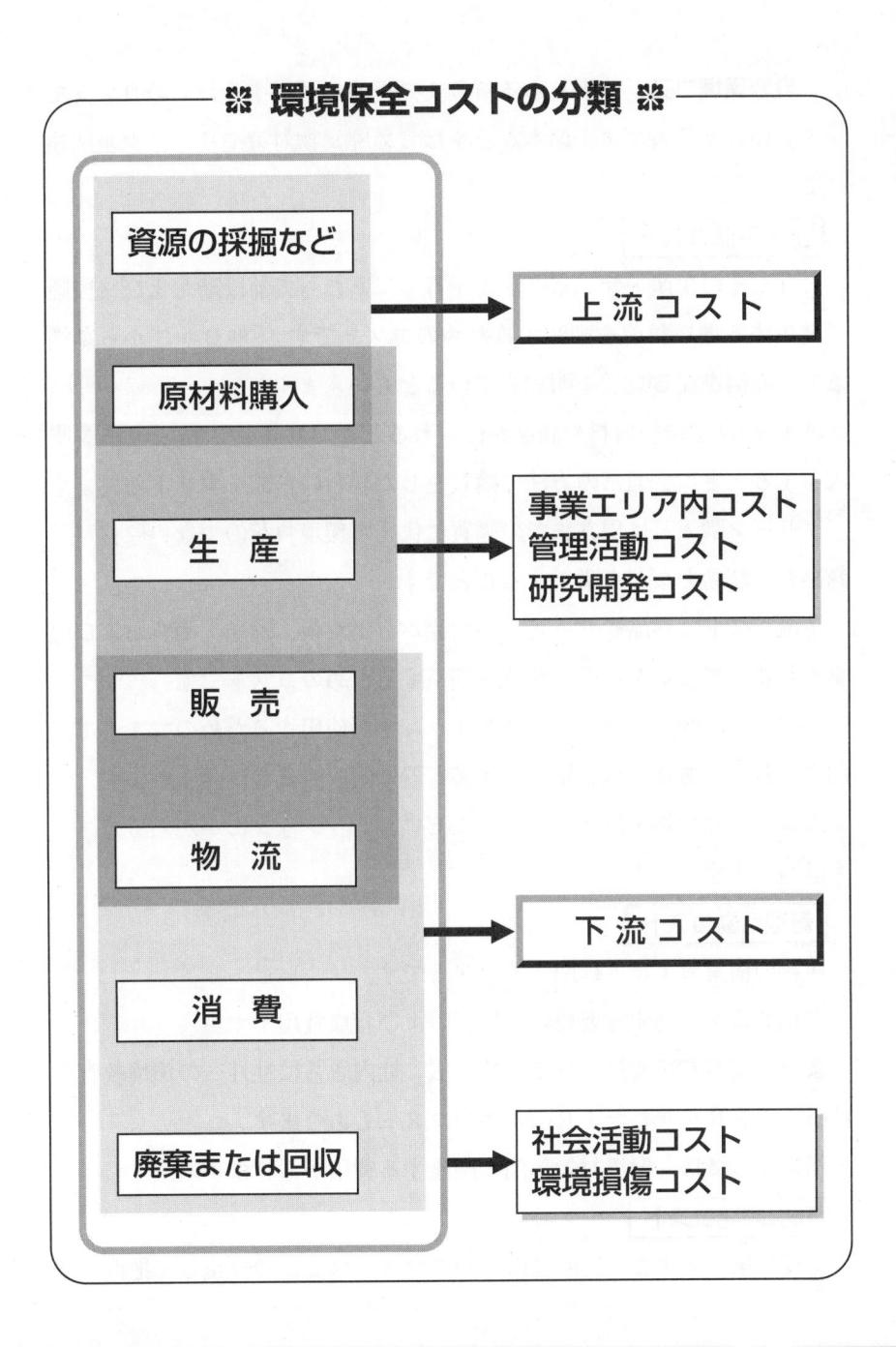

③ **資源環境コスト** 限りある資源を効率的に活用するためのコストです。いわゆる省エネ，節水などをはじめ廃棄物対策やリサイクル関連です。

### 上・下流コスト

会社がその生産・サービス活動を行うにあたって前段階および後段階で発生する環境負荷を削減するためのコストです。「ゆりかごから墓場まで」面倒を見る責任を明示しているともいえます。

「上流」は主に原材料や商品を仕入れるときのコストです。グリーン購入をするときに，通常の方法で購買をした場合の差額をコストと見ます。

グリーン購入とは現在までの購買に代えて環境負荷の少ない原材料，商品および動力などを購入することです。

下流コストは商品やサービスが会社から出た後，輸送，消費および廃棄されるまでにかかる環境負荷を削減するためのコストです。

消費済みの商品を回収してリサイクルや再使用するためのコストで法制化された（あるいは予定の）包装容器の回収もここに含まれます。

現場から廃棄物を出さないというゼロエミッションにかかわるコストも該当します。

### 管理活動コスト

組織の構築および人に関するコストです。

環境対策を実施する要員の人件費および育成費用です。

また，環境対策要員だけでなく，広く社内さらに社外への環境教育や社外へのＰＲを兼ねたＩＲのためのコストもあります。

組織としては，環境対策部門に関連する費用があります。

### 研究開発コスト

環境対策に関する研究開発のためのコストはここで分類して把握しま

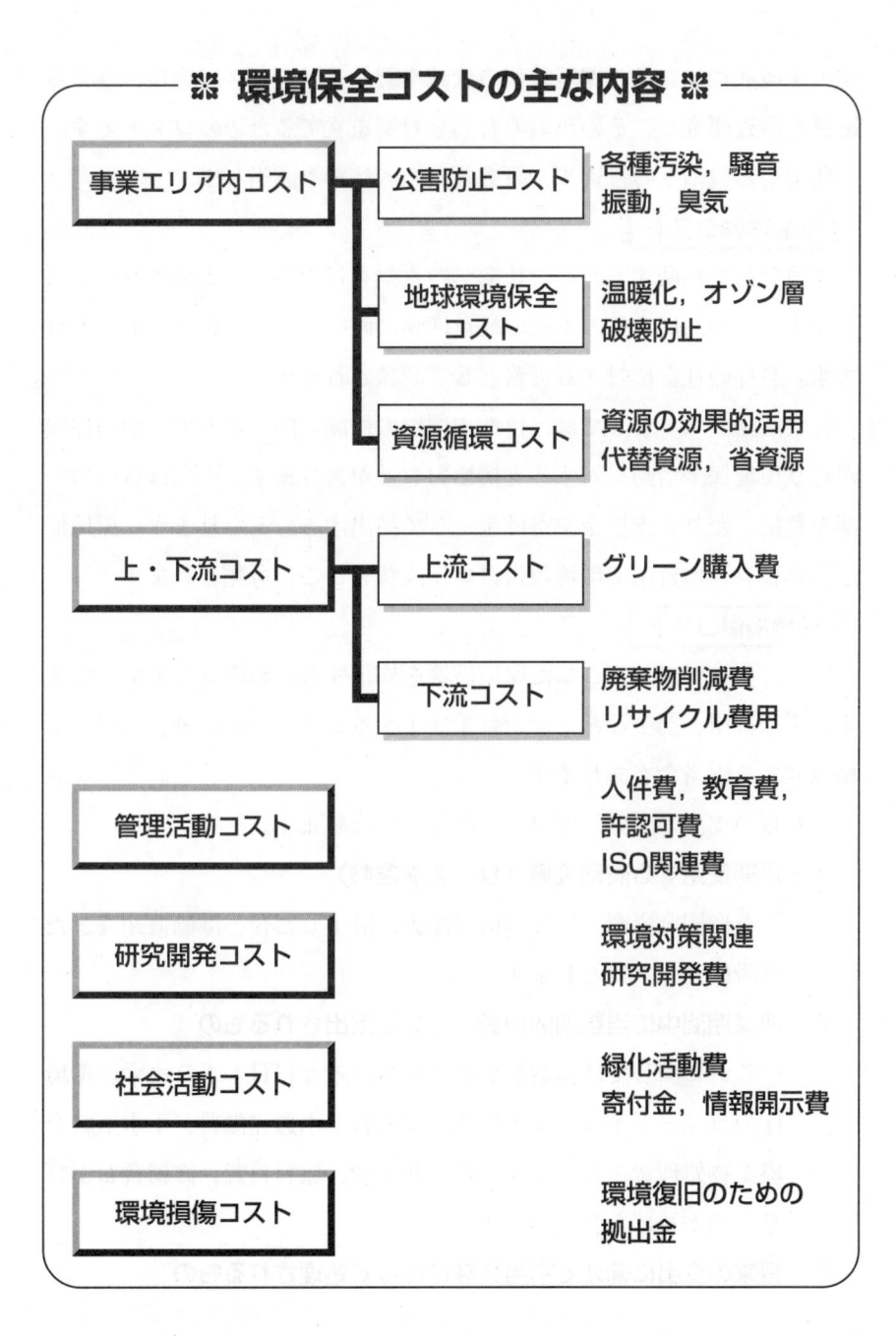

## ❈ 環境保全コストの主な内容 ❈

- **事業エリア内コスト**
  - 公害防止コスト ── 各種汚染，騒音，振動，臭気
  - 地球環境保全コスト ── 温暖化，オゾン層破壊防止
  - 資源循環コスト ── 資源の効果的活用 代替資源，省資源

- **上・下流コスト**
  - 上流コスト ── グリーン購入費
  - 下流コスト ── 廃棄物削減費 リサイクル費用

- **管理活動コスト** ── 人件費，教育費，許認可費 ISO関連費

- **研究開発コスト** ── 環境対策関連研究開発費

- **社会活動コスト** ── 緑化活動費 寄付金，情報開示費

- **環境損傷コスト** ── 環境復旧のための拠出金

第4章 環境会計報告書を見るポイント

す。生産過程における環境負荷の低減や製品・サービスが環境に与える影響を調査研究し，そのための有効な対策を立てるためのコストです。

研究用の設備への投資や，研究要員の人件費も該当します。

### 社会活動コスト

環境負荷を軽減するための社会への貢献を目的として支出されるコストです。一般的に会社の本来の経営活動に直接貢献しないコストもあります。会社の社会に対する責務として認識されます。

社会活動コストとしては，自然や環境の保護に関する支出，地域住民が行う環境保全活動に対する支援協力などがあります。支出は費用の一部を負担したり，支援金や寄付金として拠出する形となります。環境保全活動のPRの費用や環境報告書の作成費もここに分類されます。

### 環境損傷コスト

実際に会社が引き起こした環境破壊を修復するためのコストで，賠償金，訴訟費用，罰金などです。将来発生するかもしれない被害に対して積み立てる引当金もあります。

これらの支出の会計処理はつぎのようになります。

1. 長期使用する設備投資（リースを含む）

    有形固定資産として貸借対照表に計上した後，減価償却費または設備リース費とします。

2. 決算期間中に当該期間の費用として支出されるもの

    これに関しては損益計算書のいろいろな科目があります。環境庁のガイドラインでは人件費，電力費，水道光熱費，下水道料金，廃棄物処理費・リサイクル費，測定費，原材料費，修繕費およびその他が挙げられています。

3. 将来の支出に備えて引当金などとして処理されるもの

## ※ 環境会計の報告様式 ※

| | 項目 | A<br>事業部 | B<br>事業部 | 国内<br>関係会社 | 海外<br>関係会社 | 連結合計 |
|---|---|---|---|---|---|---|
| 費用 | 事業エリア内<br>コスト<br>⋮ | | | | | |
| | 費用合計 | | | | | |
| 収益 | コスト削減<br>収益<br>リサイクル<br>収益<br>みなし収益 | | | | | |
| | 収益合計 | | | | | |

# 40 環境対策の効果を見る

　　　　妥当な根拠に基づいて適正に見積もった金額を毎期計上します。
　環境対策として費用を投入し設備投資などを実施した場合にはどれだけの効果があったかを算定しなければなりません。費用対効果の原則に基づいて実績をレビュー，チェックして改善を繰り返すことが求められます。
　しかし，費用は把握したもののそれがどれだけのメリットをもたらしたかを判定するのは容易ではありません。まず，どの対策がどの効果に結び付くのかを決定することは困難なことが多いのです。収益が増加したといっても，それが原材料の代替によるものか，生産工程の合理化かあるいはエネルギーの変換によるものか明確に区分することはできません。

　効果を計算するための確立した基準は今のところありません。
　会社の中には自社で基準を作成して環境報告書に費用と収益まで開示している例はありますが，まだ一部の会社でありその計算根拠などは明らかにされていません。製造業や販売業など業種の違いによって費用となる項目や収益の出方も違ってくるのですから，いま一挙にこれを実現しようとしても無理と思われます。
　しかしいずれは制度として採用しなければならないことです。金額に換算できない収益などがあることも予想されますから，それをどう扱うのか検討すべき事項は多いようです。

## ❀ 環境対策の効果を知るのは容易ではない ❀

### 貨幣価値での計算

- **金額で正しく計算できる** — リサイクル商品の売上
- **合理的な根拠によって金額を推定して計算できる**
  - （例）
    - **原材料** — 代替品，リサイクル，リユースによる製品1単位当たり原材料費の削減額
    - **工場経費／販売費／物流費／事務所経費** — 省エネ対策による電力，ガス，水道などの使用量削減額
- **一定のルールに基づいて計算する** — みなし収益など

### 数量で効果を見る

- **有害物質の排出削減量／廃棄物の削減数量／化学物質の使用削減量** — $CO_2$, $SO_x$, $NO_x$　産業廃棄物，一般廃棄物，生活系廃棄物

### 調査などにより定性的効果を知る

地域社会，従業員意識，企業イメージの変化

第4章　環境会計報告書を見るポイント

## 41 環境庁が示す効果の表示基準

　環境庁のガイドラインから探ってみましょう。

　環境庁は2000年の報告で環境対策の効果を環境保全効果と経済効果とで表示することを発表しました。

　環境保全効果は対策の結果，社会にどう役に立ったかを示すもので汚染物質の排出量削減，資源・エネルギーの節約量および廃棄物の削減量などを数量で把握します。

　これは先に述べたコストの合計と対応させて事業エリア内で生じる効果，上・下流で生じる効果およびその他の３つに区分するようにしています。

　各企業によって効果の測定方法はまちまちでしょうが，基準値を決めてそれとの対比で示すことになっています。

　基準となる炭酸ガスの排出量やNOx，SOxがいくらになるかは業種により，また同じ業種でも会社ごとに異なるのが当然です。

　今後の方向としてこれに対する基準値をどのように決定するかが検討されることになりそうです。

　経済効果はつぎのようなもので金額で表示します。

１．リサイクルによる収入額

２．省エネルギーによる費用削減額

３．リサイクルに伴う廃棄物処理費用の削減額

## ❁ 環境庁の効果表示例 ❁

### 指標と金額の併用

| 環境保全効果 | | 比較指標 |
|---|---|---|
| 効果の内容 | 環境負荷指標 | |
| 事業エリア内効果 | | |
| 上・下流効果 | | |
| その他の環境保全効果 | | |

↓ ↓ ↓

区分されるのが望ましい　　EI値　　　　　　　　基準指標
　　　　　　　　　　　　（環境負荷改善率）　　前年度対比
　　　　　　　　　　　　EE値
　　　　　　　　　　　　（環境負荷利用効率）

| 環境保全対策に伴う経済効果 | |
|---|---|
| 効果の内容 | 金　額 |
| リサイクルにより得られた収入額 | |
| 省エネルギーによる費用削減額 | |
| リサイクルに伴う廃棄物処理費用の削減額 | |
| | |
| | |
| | |
| | |

表示例

| 項　目 | 金　額 |
|---|---|
| リサイクル商品売却 | |
| 　リサイクル品売却収益 | ………………… |
| 　合　計 | ――――― |
| コスト削減益 | |
| 　省エネルギー | ………………… |
| 　廃棄物削減益 | ………………… |
| 　原材料削減益 | ………………… |
| 　その他 | ………………… |
| 　合　計 | ――――― |
| みなし収益 | ――――― |

＊　EI値・EE値については，第5章141ページ参照

これ以外にも考えられます。例えば，対策を講じることによって売上高が伸びたことなどもあります。しかし，何をベースにその伸びた金額を計算するかは簡単に決められることではありません。

　上記の3つにしても比較的計算しやすいのは1．くらいのもので，2．3．は客観的にこれという基準があるものでもなく，試行錯誤を繰り返しながら決めていくものと思われます。特に数量を算定して，それに単価を掛けるということになるので，会社の判断次第で同じ条件でも違う数字が出てくることもあり得ます。

　会社としては，自社の実状を見ながら，例えば生産量に対する標準値を決めてそれとの対比で原材料の増減額を計算することになります。

## 指標などの表示

|  | 環境負荷総額 | 環境負荷削減量 | EE値<br>（t／億円） | EI値<br>（億円／t） |
|---|---|---|---|---|
| $CO_2$ | ………… t | ………… t |  |  |
| $NO_x$ | ………… t | ………… t |  |  |
| $SO_x$ | ………… t | ………… t |  |  |
| 廃棄物処分量 | ………… t | ………… t |  |  |
| 用水 | ………… t | ………… t |  |  |
| その他 | ………… t | ………… t |  |  |

仮定的な計算による収益

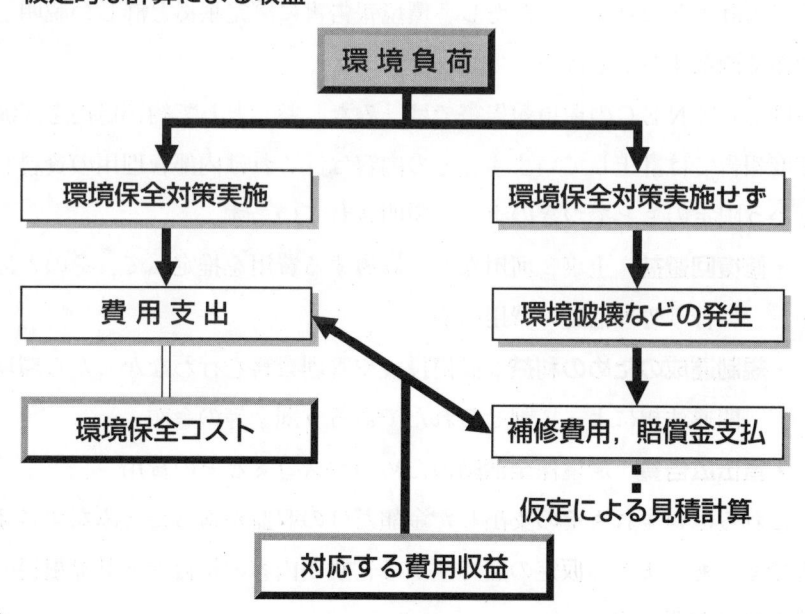

```
            環境負荷
           ／      ＼
  環境保全対策実施    環境保全対策実施せず
       ↓              ↓
    費用支出        環境破壊などの発生
       ‖              ↓
  環境保全コスト  ← 補修費用，賠償金支払
                  仮定による見積計算
            ↑
       対応する費用収益
```

第4章　環境会計報告書を見るポイント

## 42 仮定的な計算による効果も含まれる

　環境庁の報告では,「もしもこれをやらなかったら」という仮定に基づく結果も表示することが望ましいとされています。

　汚染防止のためにこの設備投資がなかったら発生したであろう賠償額は補償金, 罰金などの金額を収益として計上するのです。

　これは内部管理のためには重要かもしれませんが, 会計処理上は収益として計上できません。汚染防止のための投資額や費用は当然損益計算書や貸借対照表に含まれていますが, 見込み収益まで算入されると利益の過大計上となります。ただし, 環境報告書に算定根拠と詳しい説明を加えて開示することはいいでしょう。

　例としてNECの環境報告書では「みなし益」として約16億円を2000年度報告では計上しています。その内容は「これは内部管理用の資料」という限定のもとでつぎのように説明されています。

- **修復回避益**　土壌, 河川などを修復する費用を推定して, そのために行う管理活動の費用の額
- **規制達成のための利益**　設備投資や管理業務を行わなかったら環境関連法規によって課せられたであろう罰金等の金額
- **宣伝広告費**　環境保全活動のためのマスコミなどの費用

　これらはいずれもその支出した金額だけの収益があったとみなす考え方です。あくまでの仮定の話ですから, 説明内容の納得性と計算根拠の妥当性が重要です。

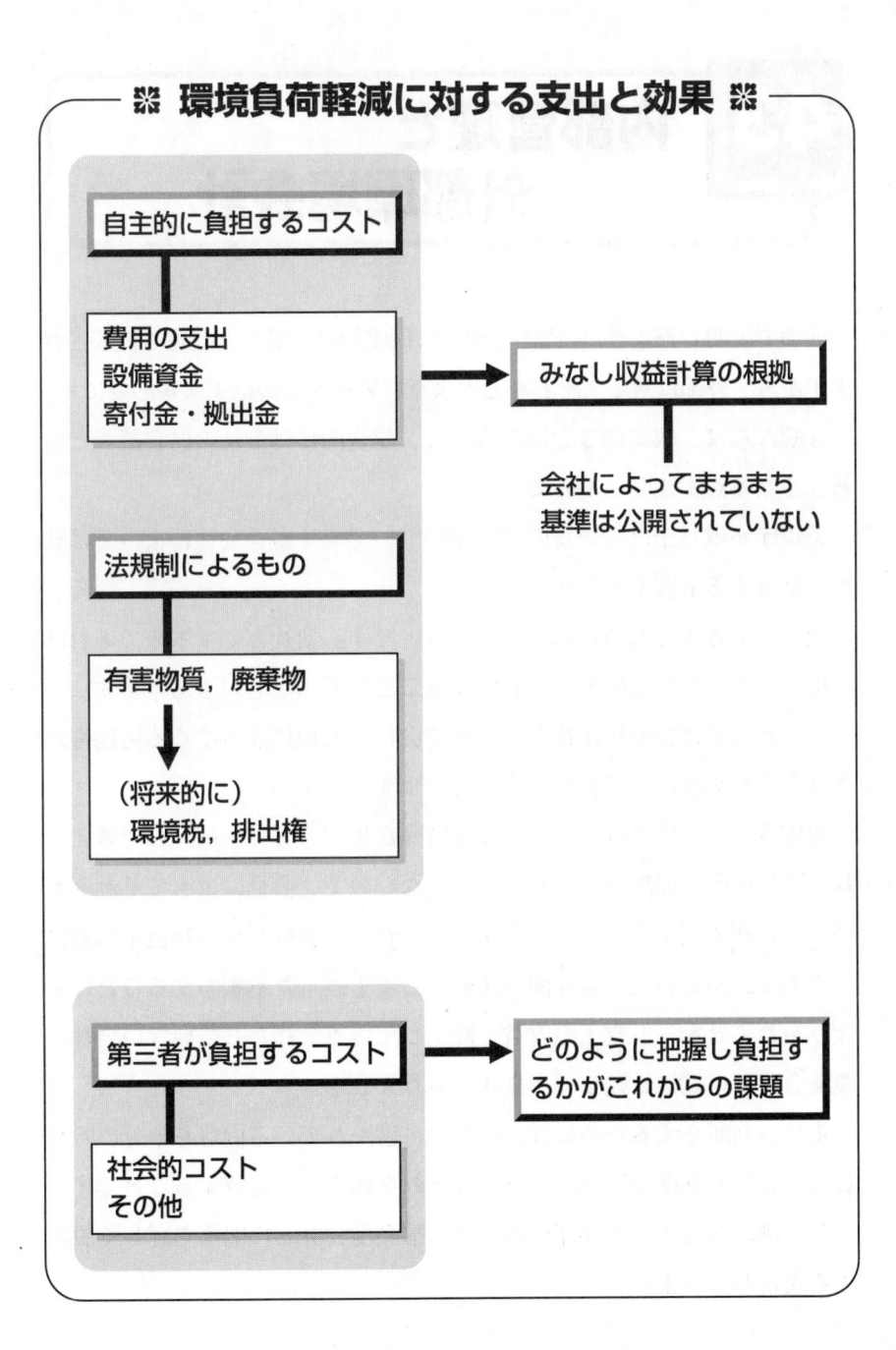

## ❈ 環境負荷軽減に対する支出と効果 ❈

**自主的に負担するコスト**

- 費用の支出
- 設備資金
- 寄付金・拠出金

→ みなし収益計算の根拠

会社によってまちまち
基準は公開されていない

**法規制によるもの**

- 有害物質, 廃棄物
- （将来的に）
  環境税, 排出権

**第三者が負担するコスト**

→ どのように把握し負担するかがこれからの課題

- 社会的コスト
- その他

# 43 内部管理と外部環境会計

　前項で説明したように，内部管理では仮定的に計算した収益も算入されますから，外部に対してそれをどのように表示するかは工夫が必要です。

　なぜならば，仮定的な金額が入ると，総合的には会社の財務諸表と合わなくなる点が生じるからです。

　環境庁が取り上げているのは収益についてですが，会社によっては費用も検討する必要がありそうです。

　例として考えられるのは社会的コストです。会社として本来であれば負担すべき性格のものとして管理することが妥当なものもあります。

　いずれは環境税や排出権という形で会社の負担になってくる可能性がありますから検討しておく必要があります。

　環境会計については，このような特殊な処理もあり，統一した考えに基づく具体的な処理方法も確立していないので，会社によってそれぞれ独自の処理で開示を行っています。したがって会社ごとの特色を的確にとらえておかないと，会社間の比較をしても誤った解釈をすることにもなりかねません。仮定上の収益を計上している会社としていない会社の環境会計を単純に比較しても意味がありません。

　正しい判断をするためには，報告書に書かれている内容を十分に吟味して，もしも基準が違うのであればそれを修正して比較することです。

　会社側としても，外部環境報告と内部環境会計との関係を詳しく説明する義務があります。

## 内部管理のポイント

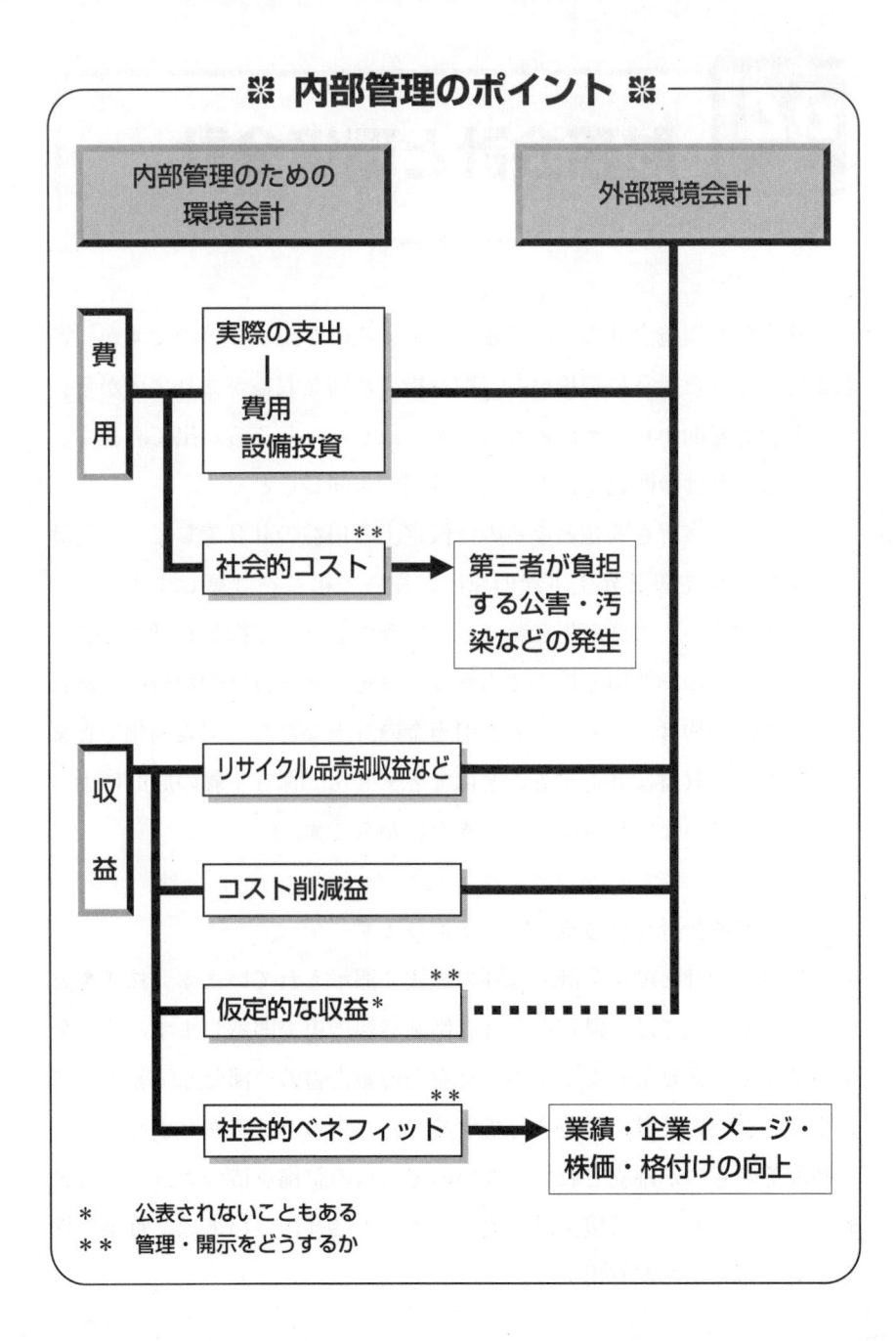

### 内部管理のための環境会計 / 外部環境会計

**費用**
- 実際の支出＝費用・設備投資
- 社会的コスト** → 第三者が負担する公害・汚染などの発生

**収益**
- リサイクル品売却収益など
- コスト削減益
- 仮定的な収益*
- 社会的ベネフィット** → 業績・企業イメージ・株価・格付けの向上

\*　公表されないこともある
\*\*　管理・開示をどうするか

第4章　環境会計報告書を見るポイント

113

# 44 財務会計と環境会計

　財務会計と環境会計の中身は本来一致するのが望ましいのですが，これまで見てきたように環境会計で取り扱う特別な収益がありますから，現在の会計原則からいえばどうしても一致しないところが出てきます。これは日本だけの問題ではなく，諸外国でも同じことです。

　そのうちもっとも問題となるのは仮定上の損益の計算でしょう。会計原則では実現主義と発生主義の原則に従って損益を計算しますから，「もしもこういう事態が生じれば」という仮定だけで損益を計上することはできません。費用や損失であれば，算定できる合理的な根拠があれば税法上の制約はあるとしても，引当金の計上などで一部表面化できますが，仮定の収益は計上することはできません。保守主義の原則によって，実現していない利益は計上できないからです。

　ここに環境会計を見るポイントがあります。

　今は財務会計と環境会計とは別の様式で開示されています。株式を公開している会社では，財務会計は有価証券報告書で開示します。その全部の会社ではありませんが環境会計を環境報告書の一部として報告しています。2つの会計の関連を分析することは今のところありません。

　制度そのものが確立されていないので今後の整備を待つよりないと思われます。ただし，環境会計を開示している会社については，毎年の推移を見ておくことが有用です。

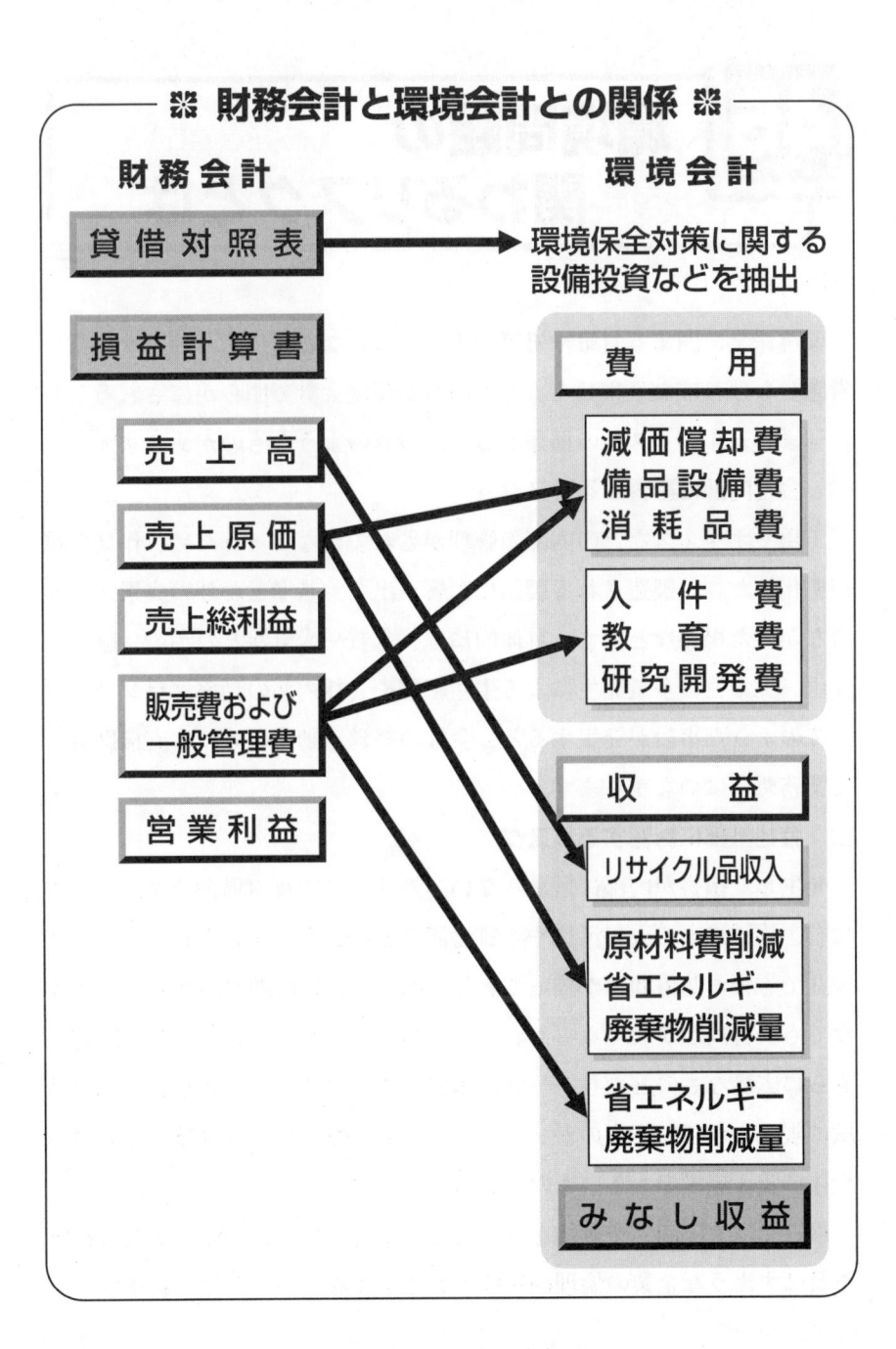

## ❊ 財務会計と環境会計との関係 ❊

**財務会計**

- 貸借対照表 → 環境保全対策に関する設備投資などを抽出
- 損益計算書
- 売上高
- 売上原価
- 売上総利益
- 販売費および一般管理費
- 営業利益

**環境会計**

費用
- 減価償却費
- 備品設備費
- 消耗品費
- 人件費
- 教育費
- 研究開発費

収益
- リサイクル品収入
- 原材料費削減
- 省エネルギー
- 廃棄物削減量
- 省エネルギー
- 廃棄物削減量

みなし収益

# 45 環境問題の関わるリスクとは

　環境保全に関する対策や処置が十分でないなど発生するリスクは常に考慮しなければなりません。その内容が環境会計で明らかにされることが望まれます。リスクの種類としてはつぎのようなものがあります。

## (1) 会社内部に影響するリスク

　工場やオフィスなどの内部の管理がされていなかったため，作業環境が悪化したり，製造される製品に影響が出て，基準どおりの成果が上がらなかった場合などです。具体的には，水質や大気などの汚染，騒音の発生，廃棄物の多量発生による生産工程や会社内部の効率ダウンです。

　このような事故が発生すると，会社の経営活動そのものに直接影響して業務悪化につながります。

## (2) 会社外部に影響するリスク

　発生した損害が内部に留まらないで外部にまで及ぶ場合です。かつては有害物質による大気汚染や水質汚濁などの公害がありました。これは現在でもまだ賠償問題が残っており，解決に長い時間がかかっています。今でも公害問題がなくなったわけではありません。むしろ，その内容がさらに広範なものとなり，一時は水俣病やイタイイタイ病など一部の地域に限定されていたものが，NOx，SOxや炭酸ガスの多量発生など地球全体に及ぶ規模の大きいものになっています。

　最近では欠陥商品や毒物を含む製品が市場に出て，人体に重要な被害を及ぼすような企業の倫理観を問われるようなケースが見られます。

## 環境負荷によるリスク

```
┌─内部におけるリスク─┐        ┌─外部に影響するリスク─┐
          │                              │
          ▼                              ▼
   ┌──────────┐                  ┌──────────────┐
   │ 管理の不備 │─────────┐      │ 外部向け特有の │
   └──────────┘          │      │   管理不備     │
          │              │      └──────────────┘
          ▼    内部だけで │              │
   ┌──────────────┐ 済まない│              ▼
   │生産工程の異常 │       │      ┌──────────────┐
   │廃棄物の増加  │───────┼─────▶│ 公害増加      │
   │販売・物流活動 │       │      │ 汚  染       │
   │への悪影響    │       └─────▶│ 欠陥商品の販売 │
   └──────────────┘              └──────────────┘
          │                              │
          ▼                              ▼
   ┌──────────┐                  ┌──────────────┐
   │ 生産性悪化 │                  │ 賠償金, 補償金, │
   └──────────┘                  │ 補修費用の増加 │
          │                      └──────────────┘
          ▼                              │
   ┌──────────┐                          ▼
   │ 収益減少  │◀─────────────────┐┌──────────────┐
   └──────────┘                  ││ 社会的責任の追及│
          │                       │ 信用失墜     │
          │                      └──────────────┘
          │                              │
          ▼                              ▼
        ┌──────────────────────────┐
        │       経営破綻           │
        └──────────────────────────┘
```

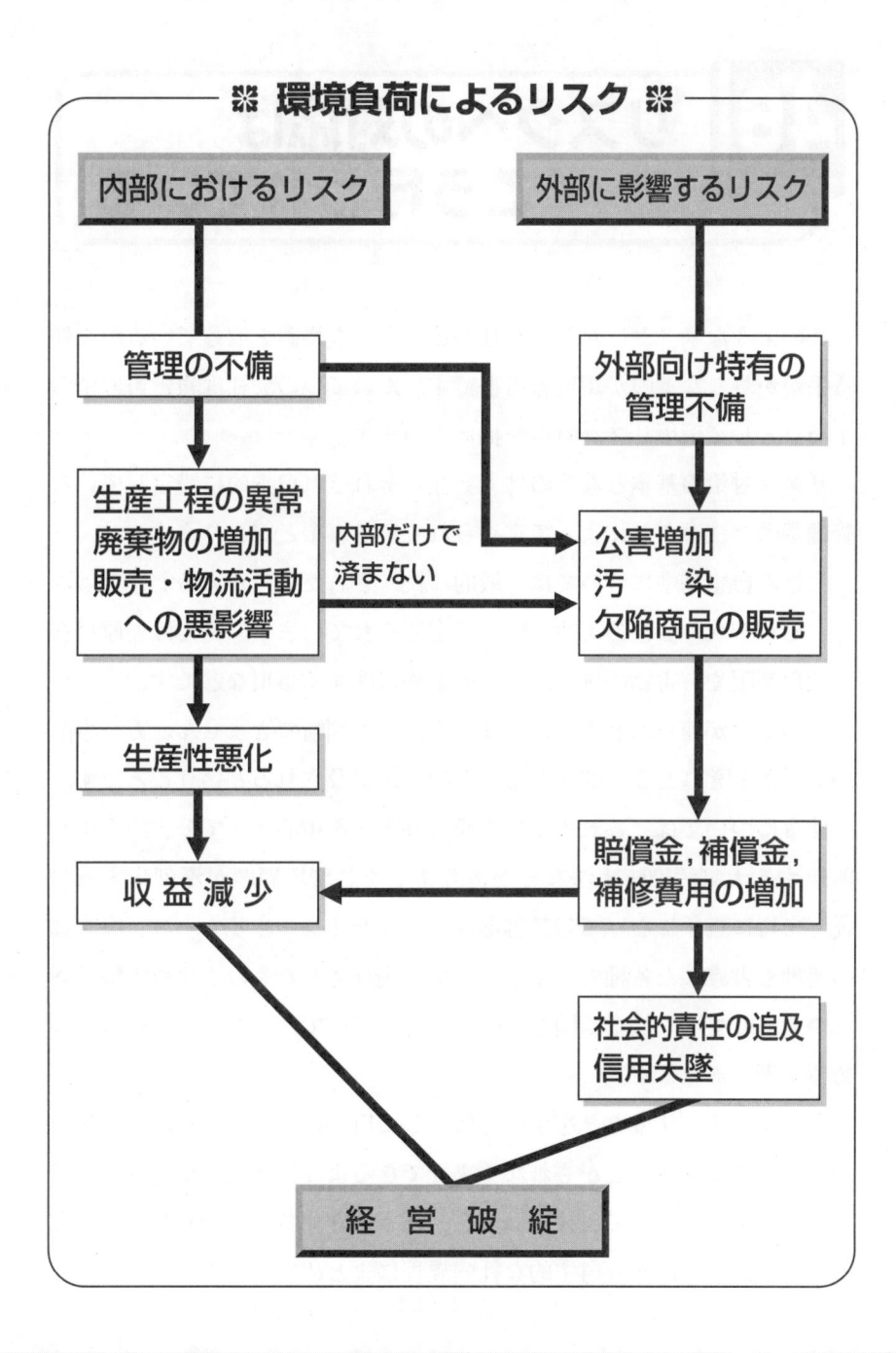

## 46 リスクへの対応はこう行われている

　このようなリスクに対して会社がどのような措置を取っているかを知る手がかりとなるのが環境報告書です。たいていの会社は報告書の中の1項目として環境リスク対策を掲げています。

　リスク対策の基本となるのは，会社がそれぞれ自主的に設定している管理基準と法令などによって定められている事項とがあります。

　会社の自主基準については一般的に統一されたものがあるわけではなく，それぞれの会社の実態に応じて定められています。例えば，原材料の使用制限や有害物の排出規制，廃棄物に関する事項などです。

　その基準が適正かどうかは外部からみても判断できません。万一事故があったときにどこに問題があったのかが追及されるということです。

　法令については，これまでにも環境基本法を中心として公害防止法や関連する大気汚染防止法などがありました。環境問題が深刻化するに従って特に近年になって包装容器などのリサイクルやリユース，廃棄物の処理も考慮した各種の法令などすでに施行されたものも含めて整備されつつあります。法令は国が制定するものだけではなくて，県や市が決める条例もあります。

　会社は，まず法令などをすべて研究して自社に該当するものは何かを判断し，やるべきことがもれなく実行できるように体制を整えることです。その結果によって自社では何を，どう遵守するかを判断して，特有の事情を勘案しながら自主的な社内規程にまとめていきます。

## ❋ リスク管理基準の例 ❋

| | | 規 制 値 | | | 実 績 値 |
|---|---|---|---|---|---|
| | | 国 | 県 | 自主基準 | |
| 工場排水 | カドミウム | | | | |
| | シ ア ン | | | | |
| | 有機りん | | | | |
| | 鉛 | | | | |
| | | | | | |
| | | | | | |
| | | | | | |
| | | | | | |
| 大気測定 | NOx (ppm) | | | | |
| | SOx (ppm) | | | | |
| | ばいじん | | | | |
| 騒音振動 | 騒　　音 | | | | |
| | 振　　動 | | | | |
| | | | | | |
| | | | | | |

↓ 国や県の基準より厳しいのが通常

↓ 金額換算は困難

第4章　環境会計報告書を見るポイント

## 47 リスク対策の実施状況をチェックする

　リスク対策は定期的にチェックして，確認することが必要です。

　環境会計が入る余地がここでも出てきます。まず，対策実施，法令の遵守などのためには設備投資をしたり，協賛金や寄付金などの支払い，その他各種の費用がかかります。これらの金額を的確に把握して環境会計上に反映しなければなりません。

　出費の金額がわかると，その効果がいくらであったかを計算する必要もあります。発生したであろう損失がいくら回避されたかという金額が中心となります。

　金銭的には合理的な基準を作っておけばある程度までは計算できます。しかし，それ以外に金銭では換算できない定性的な効果もあります。

　生産効率が上がって企業への評価が高まった・ブランド力がついたなどというものです。これは，環境会計面からとらえるならば，注記等の補足説明でやらざるを得ないでしょう。

　先にみなし利益について説明しました。これなどもリスク対策の効果の1つと考えられますが，計算の根拠は明確に開示しておかないと誤解を招くおそれがあります。

　リスク対策については，自主管理規程が整然と作成され守られていることが条件です。それは各会社がそれぞれの事情に従って作成しているものであり，その骨子は説明されているものもありますが，実際にそれ

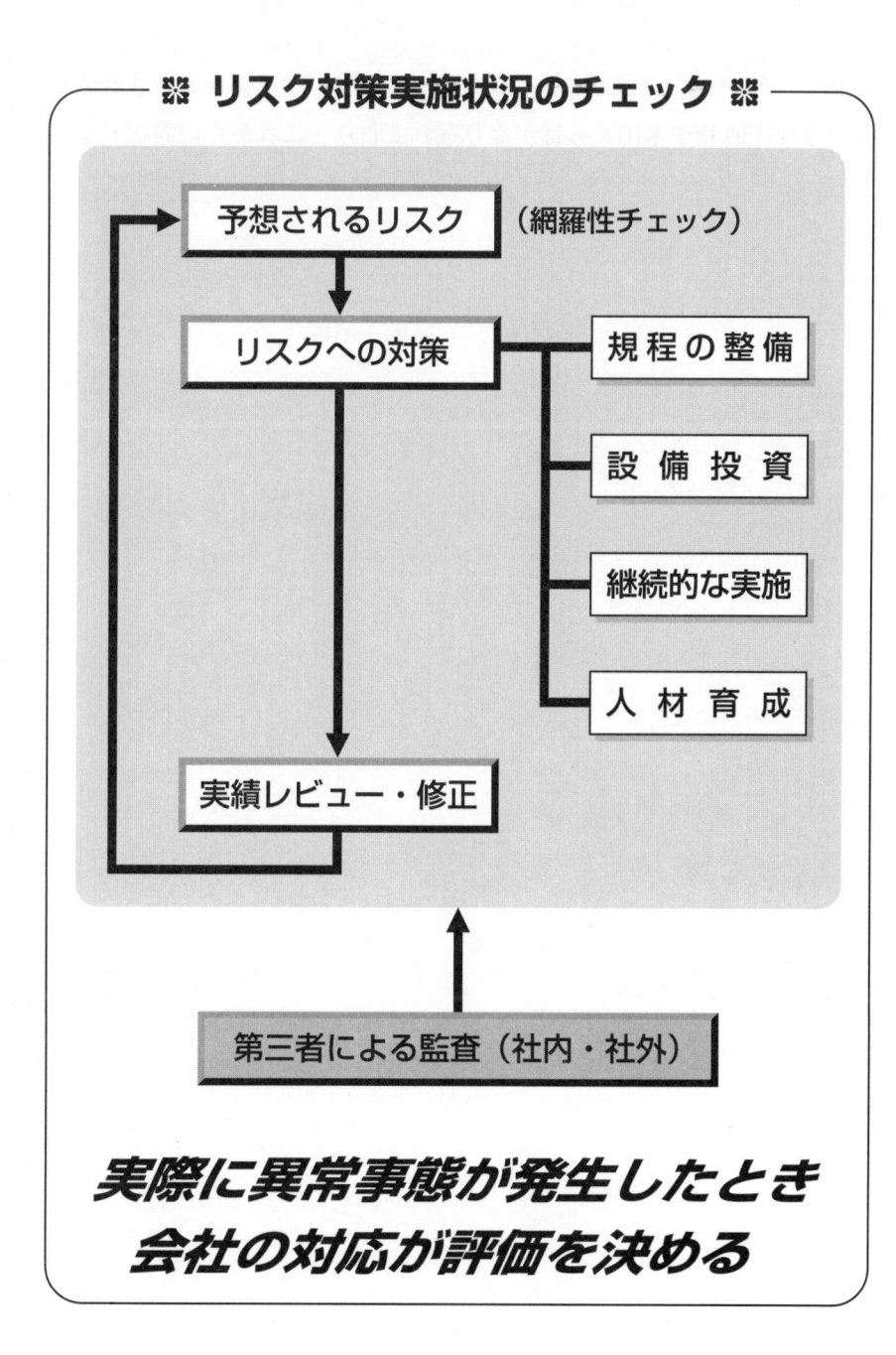

## ❈ リスク対策実施状況のチェック ❈

```
予想されるリスク　（網羅性チェック）
      ↓
リスクへの対策 ─┬─ 規程の整備
              ├─ 設備投資
              ├─ 継続的な実施
              └─ 人材育成
      ↓
実績レビュー・修正
```

第三者による監査（社内・社外）

## 実際に異常事態が発生したとき 会社の対応が評価を決める

が正しいのかどうか判定するとなると困難です。環境監査という方法もありますが欧州や米国からはかなり遅れており，これからの問題です。

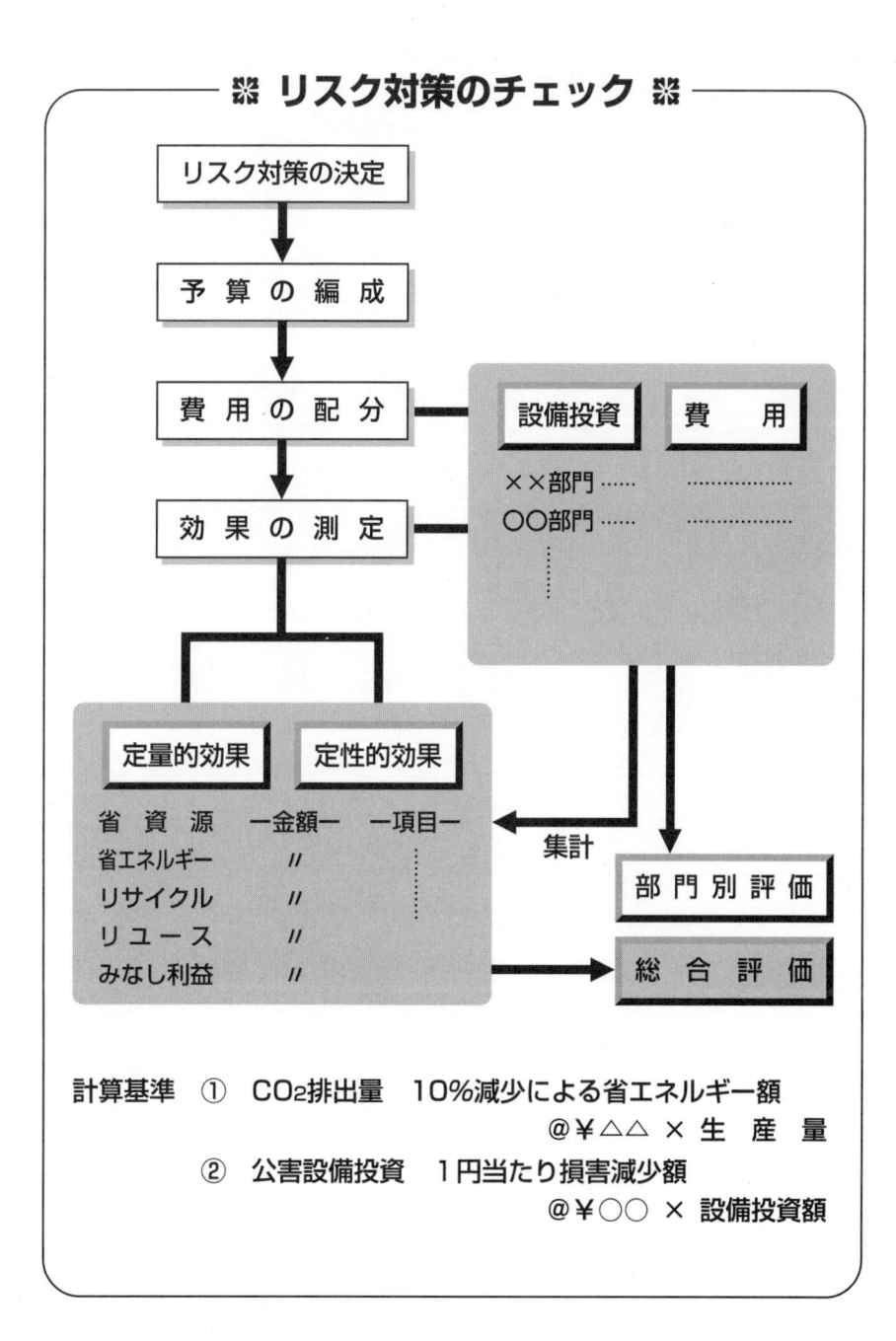

## ❈ リスク対策のチェック ❈

```
リスク対策の決定
      ↓
  予算の編成
      ↓
  費用の配分 ────────┐
      ↓            設備投資   費用
  効果の測定 ────────┤
      ↓            ××部門 …… ……
                   ○○部門 …… ……
                      ⋮
┌─────────────┐
│ 定量的効果  定性的効果 │
│                     │
│ 省 資 源  ―金額―  ―項目― │ ──→ 集計
│ 省エネルギー   〃         │         部門別評価
│ リサイクル    〃     ⋮    │
│ リ ユ ー ス   〃         │         総合評価
│ みなし利益    〃         │
└─────────────┘
```

計算基準　①　$CO_2$排出量　10％減少による省エネルギー額
　　　　　　　　　　　　　　@¥△△ × 生 産 量
　　　　　②　公害設備投資　1円当たり損害減少額
　　　　　　　　　　　　　　@¥○○ × 設備投資額

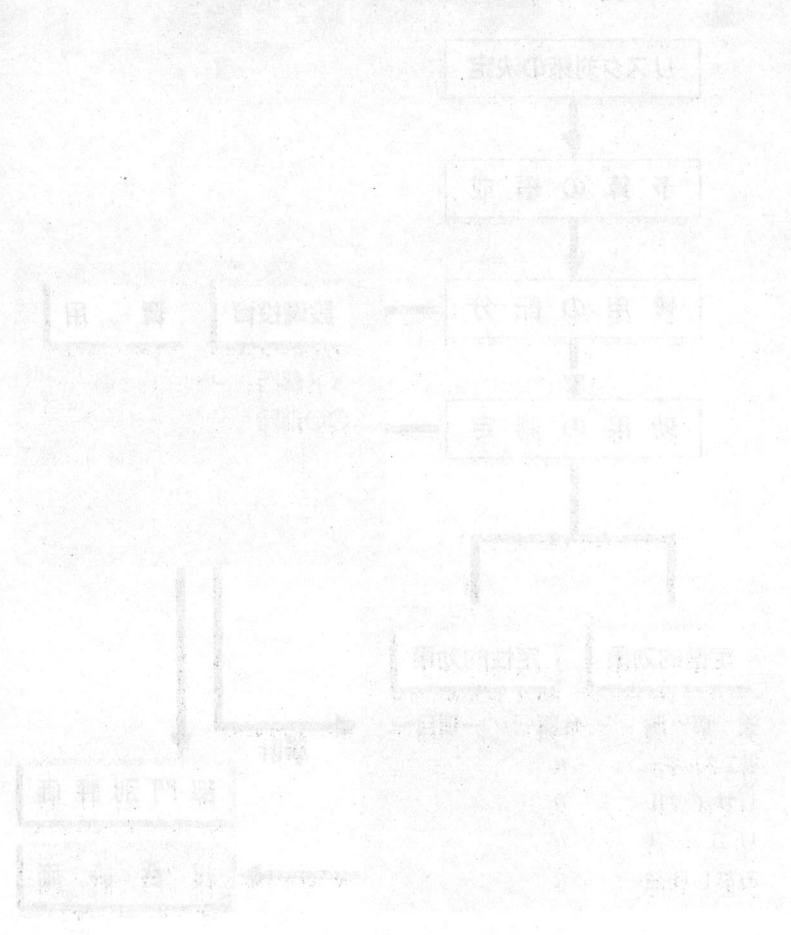

# 第5章 さらに詳しく環境会計を知る

❈ 環境会計をどういうポイントから見るかあらましを説明しました。これをさらに詳しく検討するために会社がどんな方針で環境会計を実施しているかを知る必要があります。

そのためには，内部管理のために会社がどのような対策を採っているかを探らなければなりません（内部環境会計の領域）。

内部管理を会社がどうやろうと，適正に行われていて，しかもそれを証明する合理的な根拠があれば，会社の自由裁量でできることです。また，環境報告書の記載事項からもある程度のことは判断できる場合があります。

ここでは，内部管理として会社として行うべき考え方や方法などについて説明します。

環境報告書の読者は，内部管理のポイントを知りわかりにくい点があればその部分について説明を求めたり意見を述べることもできます。

Environmental Accounting

## 48 環境会計に関する経営方針は明確か

　環境保全対策とそれに伴う環境会計制度の確立はトップ経営者が明確な理念のもとに率先してやらなければなりません。

(1) **環境会計の目的を明確にする**　環境会計導入にあたって目的を明確にします。内部管理の範囲や目標，情報開示の方法です。

(2) **環境会計の範囲の決定**　内部環境会計を会社の一部（例えば生産のみ）とするのかあるいは会社全体で見るか，さらには関係会社も含めるのかという範囲の決定です。また，別の見方としてその会社が特に重大な環境負荷をもたらしている部分（大気汚染，水質汚濁）に限定するかという分類もあります。

(3) **内部管理と外部報告の区分**　内部環境会計と外部環境会計をどう区分するかです。すでに説明したように内部の管理と情報開示とはやや目的が違いますから両者に違いがあることは当然予想されます。

　違いがあるのはいいのですが，内容的に実質が違っていることは認められないことです。また外部環境会計では網羅性を重視し内部管理には含まれていない部分もすべて算入することが望まれます。

(4) **組織・体制の確立**　環境会計は全社またはグループ全体が共通の意識のもとで一丸となって取り組むために組織の確立と権限・責任の明確化が欠かせません。

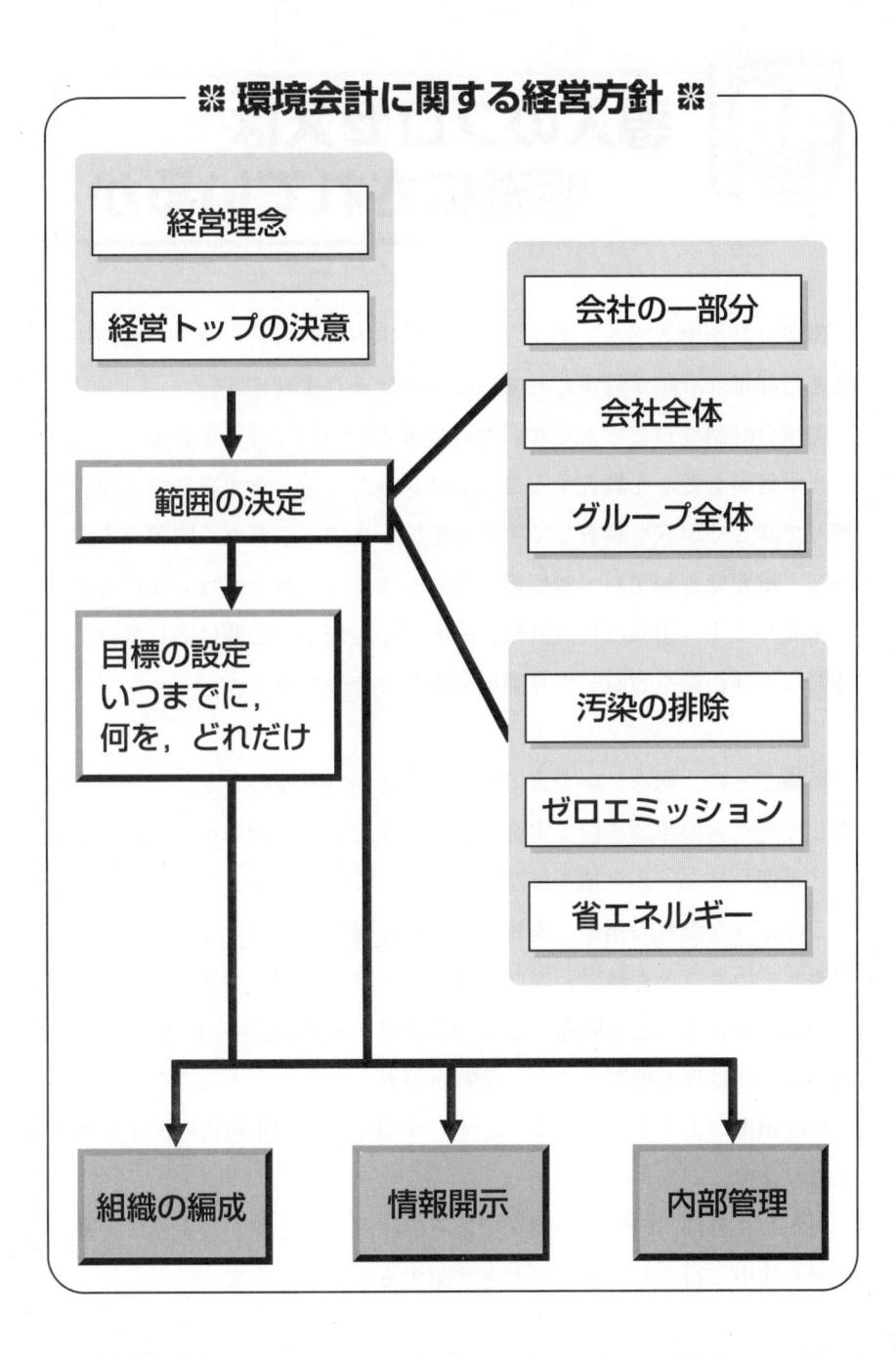

## 環境会計に関する経営方針

```
経営理念
経営トップの決意
      ↓
   範囲の決定 ─────┬── 会社の一部分
      │          ├── 会社全体
      ↓          └── グループ全体
目標の設定
いつまでに，      ┌── 汚染の排除
何を，どれだけ ───┼── ゼロエミッション
                  └── 省エネルギー
      │
  ┌───┼───┐
  ↓   ↓   ↓
組織の編成  情報開示  内部管理
```

第5章 さらに詳しく環境会計を知る

# 49 導入のプロセスは明確にされているか

　環境会計を導入するにあたっては、基本方針のもとに将来の展開をも考えた詳細な計画が設定されていなければなりません。

　環境会計制度がまったくない場合の導入について考えましょう。

　まず何が必要かを調査することがスタートです。まず専任の実施者を選んで詳しく現状を調査して実態を把握します。もれなく問題点を洗い出し、重要度を判定して対処策を検討します。これと並行しながら組織を編成します。組織は社長直轄のものとし、規模や必要に応じて特定の部署に下部組織を設置したり委員会を設けたりします。

　組織ごとに、何を、いつまでにやるかという目標のもとにプランを作成して経営者の承認を得て実行に移します。実行計画は年度ごとに作成し、毎期レビューし実績を確認して修正していきます。

　このような調査の結果、重視する項目に優先度をつけて各項目ごとに実施していくことも検討しなければなりません。会社が外部的にも、内部的にも現在もっとも問題としている項目から逐次段階的に実行します。例えば最初は資源循環コスト、それが終わったら上・下流コスト、ついで環境損傷コストというようにです。環境庁の2000年報告の例示が参考になります。

　ただし、外部への情報の開示ではその状況がよくわかるように、進行状況や途中で得られた結果などを注記するようにします。

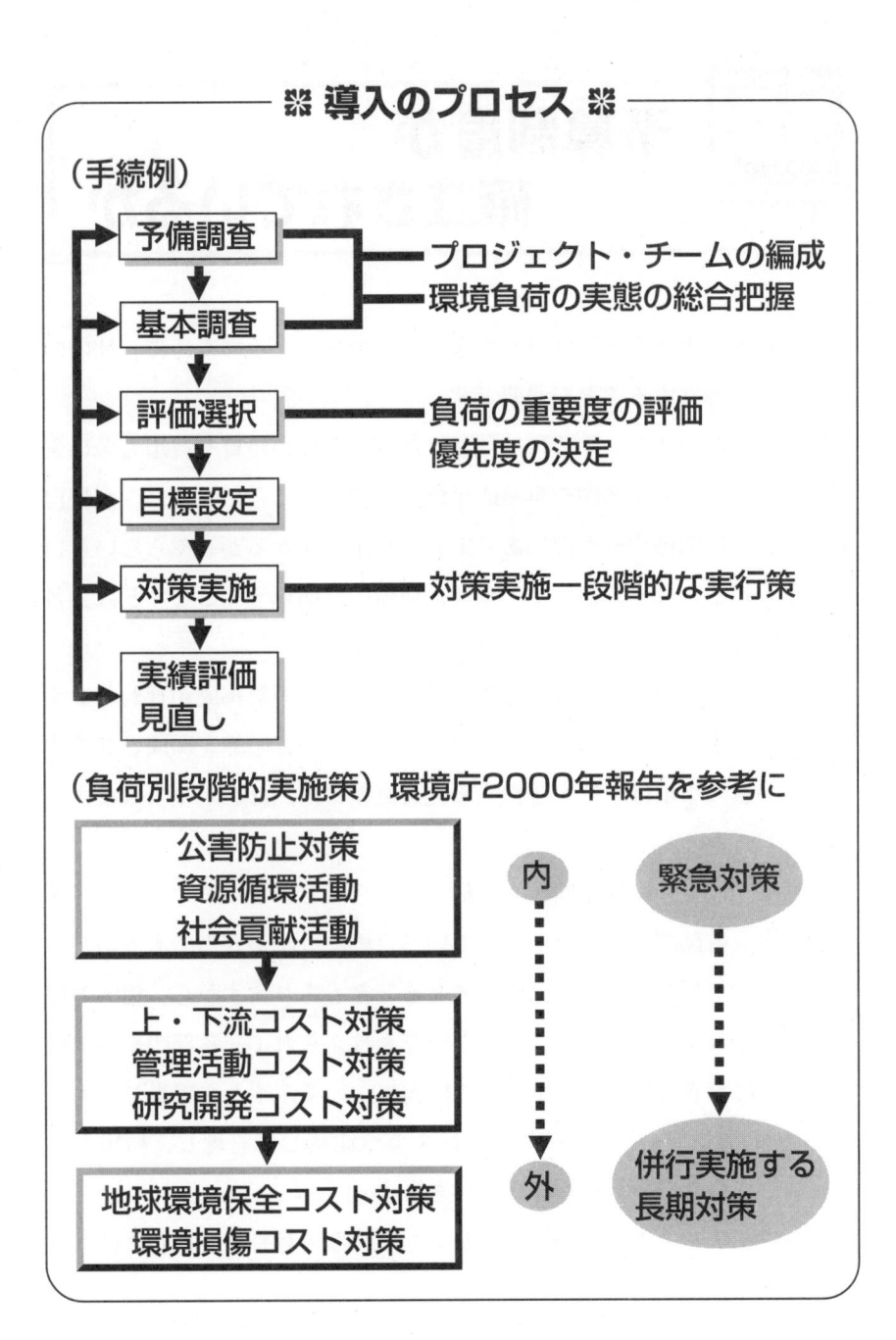

## 導入のプロセス

(手続例)

予備調査 ─┐
基本調査 ─┴─ プロジェクト・チームの編成
　　　　　　　環境負荷の実態の総合把握

評価選択 ─── 負荷の重要度の評価
　　　　　　　優先度の決定

目標設定

対策実施 ─── 対策実施―段階的な実行策

実績評価
見直し

(負荷別段階的実施策) 環境庁2000年報告を参考に

公害防止対策
資源循環活動
社会貢献活動
　　↓
上・下流コスト対策
管理活動コスト対策
研究開発コスト対策
　　↓
地球環境保全コスト対策
環境損傷コスト対策

内 ┄┄↓┄┄ 外

緊急対策 ┄┄↓┄┄ 併行実施する長期対策

第5章　さらに詳しく環境会計を知る

# 50 予算制度が確立されているか

　環境対策を実施するには当然お金がかかります。そのために，社内の予算制度を確立することが必要です。

　環境対策というと，すぐには利益に結びつかない投資や費用も多いものです。環境対策を部門や事業所単位で実施することになると，直接自分のところに関係するものであっても，費用がかかるからやらないということも起こります。まして，全社に横断的に関係することなどは，各担当部門などでは放置されることになります。

　そこで，環境対策に従った経営方針のもとでの予算編成が行われます。

　各部門や事業所に関しては，特有の問題について予算を編成させます。全社に共通の事項は全社を統轄する社長直轄の部門などが担当します。

　統轄部門は全社の環境問題を総括して行うことになりますから責任は重大です。各部門や事業所が立てている目標や計画が妥当であるかどうか判定して，場合によっては修正させることもありますから，相応の権限が付与されます。同時に，適切な予算も与えられて，各部門や事業所が単独ではできないような全社的な問題についてみずから担当します。

　統轄部門は，全社の予算をバランスよく総括して管理し，結果をレビューしてつぎの予算につなげていきます。

　整合性をチェックしながら継続して効果的な予算管理を行わなければなりません。

## 予算の編成

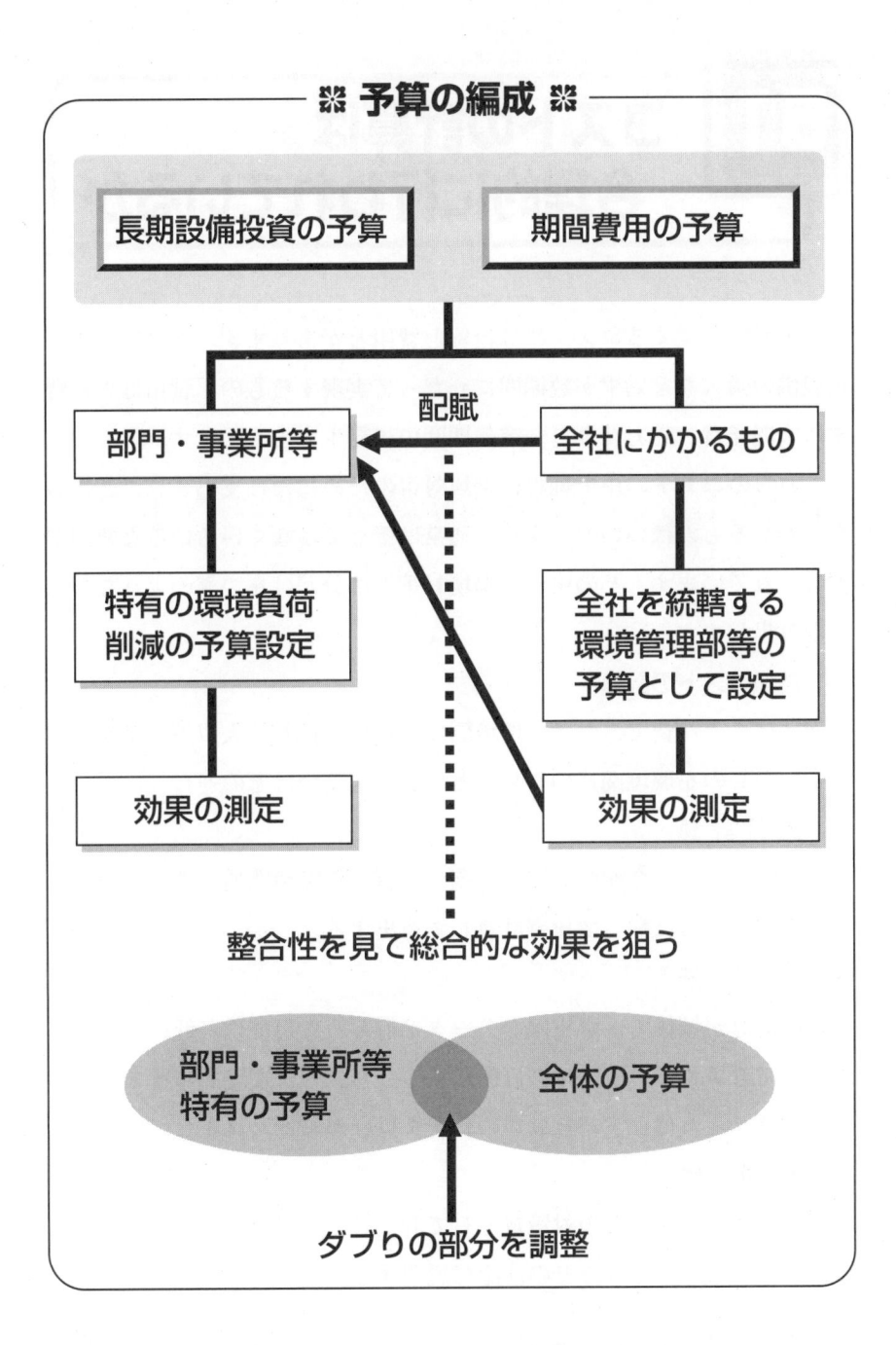

**長期設備投資の予算** ／ **期間費用の予算**

- 部門・事業所等 ← 配賦 ← 全社にかかるもの
- 特有の環境負荷削減の予算設定 ／ 全社を統轄する環境管理部等の予算として設定
- 効果の測定 ／ 効果の測定

整合性を見て総合的な効果を狙う

部門・事業所等特有の予算 ／ 全体の予算

↑ ダブりの部分を調整

第5章 さらに詳しく環境会計を知る

# 51 コストの計算は合理的に行われているか

　環境対策に関するコストには投資と費用とがあります。前者は公害防止設備の購入など効果が数期間にわたって実現するもの、費用は人件費や研究開発費・動力費など一定の期間中に発生するものです。

　これらのコストの中で純粋に環境対策のためにだけ支出されたとはっきりわかるものはいいのですが、通常はそうではなくいろいろな要因が混合されています。その中から環境対策の部分だけをつぎのような方法で取り出します。

### (1) 差額コストの計算

　例えば、人件費であれば、環境関係の業務に携わる人以外の金額を差し引いたものを環境関連のコストとする（あるいはその逆）。

### (2) 按分計算

　特定のコストの金額のうち、業務の内容から環境関連とそれ以外の部分を業務の内容に従って比率計算して算出する。

### (3) 簡便法

　(2)の計算が煩雑でかつ正確なデータが得られる可能性が低い場合は、仮定値で計算する。例えば減価償却費のうち20％は環境対策費であるなどとする。これは、実績と効果の状況を見ながら逐次修正していく。

### (4) その他

　とりあえず全額を環境対策費として計上し、妥当な理由をつけて一部は該当するものでないなどの注記で説明する。

## ❀ コスト計算の妥当性 ❀

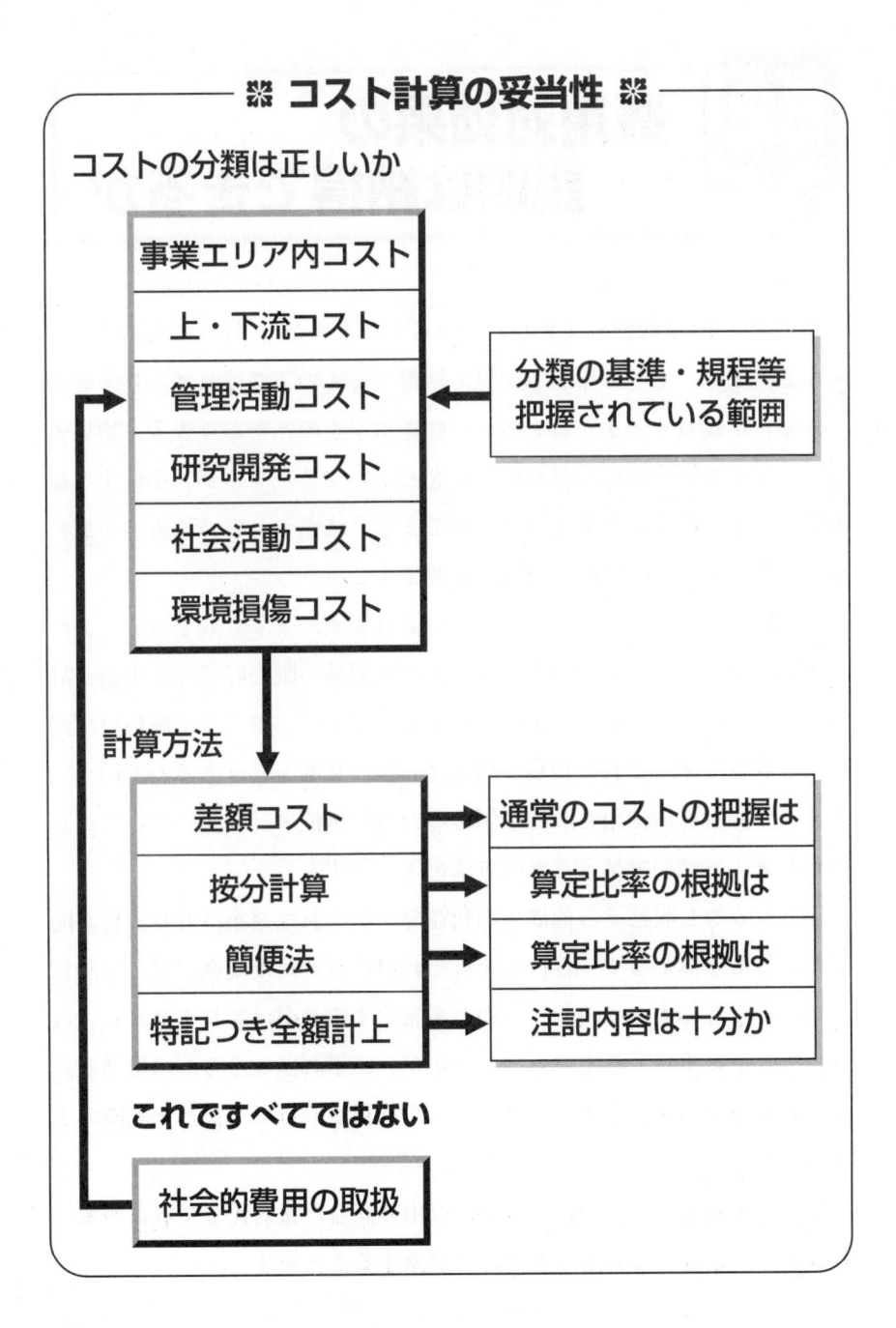

**コストの分類は正しいか**

| 事業エリア内コスト |
| 上・下流コスト |
| 管理活動コスト | ← 分類の基準・規程等 把握されている範囲
| 研究開発コスト |
| 社会活動コスト |
| 環境損傷コスト |

**計算方法**

| 差額コスト | → 通常のコストの把握は |
| 按分計算 | → 算定比率の根拠は |
| 簡便法 | → 算定比率の根拠は |
| 特記つき全額計上 | → 注記内容は十分か |

**これですべてではない**

| 社会的費用の取扱 |

第5章 さらに詳しく環境会計を知る

# 52 費用対効果の説明は納得できるか

　費用の支出（金額換算できないものもありますが）に対して当然その効果があります。それは第三者が見て納得するものでなければなりません。

　効果には物量で表示するものと金額を示すものとがあります。物量表示は，エネルギーの節約量がいくらなどということですが，比較する基準値や基準年度をどうするかで差がでます。法定されているものもありますが会社としての明確な指針が必要です。

　金額で表示されるものはおよそ3つあります。まず会計上のデータから実績が計算できるものです。リサイクル製品の販売収益など実績が計算できるものはそのまま効果と認めます。つぎに，省エネや原材料削減による収益です。これは物量の判定と同様，基準をどうするかということと，金額計算に使用された単価あるいは原単位をどう決めているかが問われます。注記で補うなどの方法を考えます。

　第三にみなし収益その他偶発的利益です。これは通常は計算過程が開示されることは少なく，各社がそれぞれ自社が定めた規準に従って計算しているようです。その詳しい内容を開示する基準はありませんし，各社の方針を尊重せざるを得ないのですが，いずれはなんらかの標準が設定される必要があります。これをうっかり利益と見てしまうと誤解のもとになります。

　ここで重要なのは，環境会計では費用と収益とを対比して収益が多ければよいと単純には判断できないと意識することです。

## ❀ 環境保全効果の表示 ❀

| | 環境保全コスト | | 環境保全効果 | | |
|---|---|---|---|---|---|
| | 投資額 | 費用額 | 収益（金額） | 環境負荷指標等 | 比較指標 |
| 事業エリア内コスト | | | | | |
| 上・下流コスト | | | | | |
| 管理活動コスト | | | | | |
| 研究開発コスト | | | | | |
| 社会活動コスト | | | | | |
| 環境損傷コスト | | | | | |
| 合計 | | | | ／ | ／ |

分類別にコスト・効果が対応していることが望ましい

実績

法定指標, 自主指標
過年度実績と目標

経済効果を含む

| | |
|---|---|
| リサイクル収入 | |
| 省エネルギーによる費用削減 | |
| 廃棄物処理費用の削減 | |
| | |
| | |

第5章 さらに詳しく環境会計を知る

## 53 監査，証明などはどう行われているか

　環境会計で費用や収益が適正に計算，表示されているかを判断する1つの手段が監査です。監査は内部監査と外部監査があります。

　内部監査は，会社の内部の監査担当部署が専任の担当者を養成して行わせます。

　内部監査の目的，頻度，方法，評価や改善の実績などから妥当性を見ます。毎年，適切な頻度で，しかるべき担当部署が実施して，結果は公表されつぎの改善に役立てられているかなどです。

　外部監査は，監査を行うための公的な資格はありませんが，環境報告書を公平な立場にある第三者が審査して意見を出すというやり方です。会社の環境管理に関する規程などをチェックして，環境保全活動や環境報告書の作成が規程どおりに行われていることを確かめます。

　結果が適正であればその旨の意見書を環境報告書に掲げます。

　別の方法として，関係者・団体などにアンケート依頼して，その回答の集計結果を開示するケースもあります。

　以上はいずれも強制されているものではありませんが，総合してみれば，会社がやっている環境対策がよいのか，どのように評価されているのかなどなんらかの傾向が読みとれます。

　もう1つ注目すべき点はISO14001の取得状況です。ISOは取得までが大変ですし，その後のフォローや認定機関の審査もありますから，ISO14001は重要な判断基準といえます。

## ❄ 監査その他第三者の証明等 ❄

**内部監査**
- 監査制度 — 規程，組織，体制
- 監査方法 — 具体的なマニュアル
- 監査内容 — 範囲，頻度，質
- 監査担当者 — 人数，部署，育成，資格

**第三者による監査・証明**
- 監査方法 — 内部監査に準じる
- 監査内容 — 内部監査に準じる
- 報告書等 — 内容の妥当性，明確性
- 監査実施者 — 信頼度

**ISO14001** — 所定の審査を受けて問題がないこと

**その他** — 会社が決めた独自の方法

↓

**総合して妥当性を判定**

第5章 さらに詳しく環境会計を知る

# 54 費用の認識と具体的な項目

　環境保全のための費用をどうとらえるかは環境庁の2000年報告でかなり明らかになってきました。

　この報告では投資と費用との区分を示し，さらに社会的費用にまで触れていますが，社会的費用は把握することはできないとされています。しかし，会社としては自社の行為がどれだけ第三者の環境負荷を増加させているのか，推定して管理する義務があると考えられます。

　環境庁の報告では，事業エリア内コストを公害防止コスト，地球環境保全コストおよび資源循環コストに3分類して，それぞれについて投資額，投資に関連する費用および維持運営費に区分して表示するのが望ましいとされています。

　投資に関連する費用は減価償却費および設備リース費です。

　維持運営費は，恒常的に発生し期間中に費用として計上されるもので，人件費，動力費，原材料費，修繕費などがあります。

　環境庁が提示している他の6種類の費用項目については詳しい項目は特に明示されていませんが同じ考え方で処理していけばいいでしょう。

　ここで出てきた費用項目（右図参照）を前の項で説明した環境関連のものかどうかで区分します。環境報告書，環境会計では，費用項目が科目どおりに記載されるわけではありません。例えば「廃棄物修理費」と1本で表示されますが，その中には人件費，減価償却費その他いろいろなものが含まれていることに留意します。

第5章 さらに詳しく環境会計を知る

## ❊ 投資・費用の認識 ❊

科目例

| 投資額 | | | 金額 | 内容 |
|---|---|---|---|---|
| 費用額 | 減価償却費 | | | |
| | 設備リース費 | | | |
| | 維持運営費 | 人件費 | | |
| | | 電力費 | | |
| | | 水道光熱費 | | |
| | | 下水道料金 | | |
| | | 廃棄物処理費・リサイクル費 | | |
| | | 測定費 | | |
| | | 原材料費 | | |
| | | 修繕費 | | |
| | | その他 | | |
| | | 小計 | | |
| | その他 | | | |
| 投資・費用合計 | | | | |

⬇

大気汚染防止
水質汚濁防止
温暖化防止
資源の効率的利用
⋮
過去項目ごとに区分して算定

139

## 55 効果の測定は このように行う

　環境保全コストに対する効果がどのように出ているかを測定するにはつぎのような視点があります。
　第1番目は会社が環境報告書に記載している効果で，数量によるものと金額によるものです。
　なお，環境庁の報告では効果は費用と対応するような形で表示するのが望ましいとされています。事業所内コストに対していくら事業所内の効果があったかというようにです。これができればよい反面デメリットもあることに注意しましょう。例えば公害防止設備として初期投資を多額にやっていれば，後年度では効果（収益）が多く出てきます。
　第2番目は波及効果ともいうもので，環境対策を行ったおかげで企業イメージがよくなり売上が増加したなどです。また，新製品として環境対応型のものを開発したため収益が伸びた場合などです。これらは，直接の関係はないと思われるので環境会計には含めない方がいいでしょう。
　第3として，環境対策の結果外部からの評価がよくなり株価が上昇したり格付けが上がったという効果です。この効果も環境対策と直接結びつけるのはちょっと無理がありそうです。参考程度にします。
　効果として主なものはリサイクル商品等の販売による経済的効果，原材料費・エネルギー節減効果（数量・金額）およびみなし収益の3つになります。なお効率改善の指標であるEI値，EE値についても注目します。

## 効果測定の具体的な例

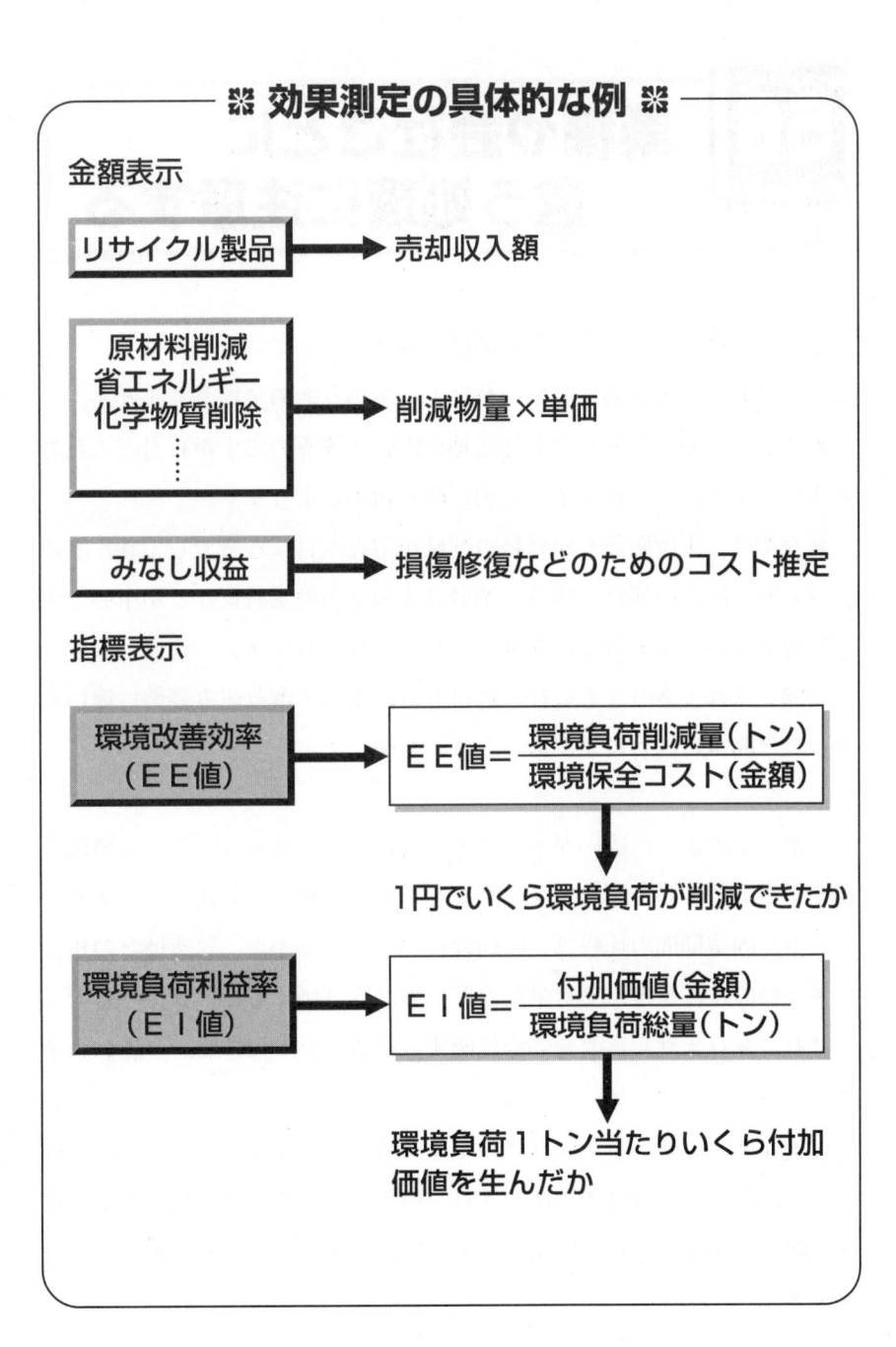

**金額表示**

- リサイクル製品 → 売却収入額
- 原材料削減／省エネルギー／化学物質削除… → 削減物量×単価
- みなし収益 → 損傷修復などのためのコスト推定

**指標表示**

- 環境改善効率（EE値） →
$$EE値 = \frac{環境負荷削減量（トン）}{環境保全コスト（金額）}$$
↓
1円でいくら環境負荷が削減できたか

- 環境負荷利益率（EI値） →
$$EI値 = \frac{付加価値（金額）}{環境負荷総量（トン）}$$
↓
環境負荷1トン当たりいくら付加価値を生んだか

## 56 業種や会社ごとに違う処理に注意する

　環境対策は業種の特性や会社の経営理念によって違ってきます。一律に同じ見方をして評価をしていればよいというものではありません。
　製造業と流通業であれば会社活動の内容が違うのですから力の入れ方も異なります。サービス業でも別の取り組みがあります。
　製造業は，生産関係や原材料の削減が重点項目になるでしょう。流通業であれば店舗の運営や物流，消費済み商品の廃棄対策などが中心です。
　製造業といっても多くの業種があり，それぞれポイントが違います。また同じ業種であっても会社の経営方針によって取り組み姿勢に違いがあったり開示の内容に差があったりします。

　しかしそのように違いがあっても，各社とも自社が与えている環境負荷を正しく把握して環境保全につくそうという狙いは共通しています。
　ただし同業種間の比較は比較的行いやすいのですが，異業種との比較は各業種の特性を考えて貢献度などの面から評価するということも考えなければなりません。改善効率に関する指標などが役に立つと思われます。
　環境庁はＥＩ値，ＥＥ値に該当する２つの指標を示しています。しかしＥＥ値の分子には付加価値とされています。今までの例では売上高や売上総利益が用いられていましたが，付加価値は一歩進んだ考え方といえます。

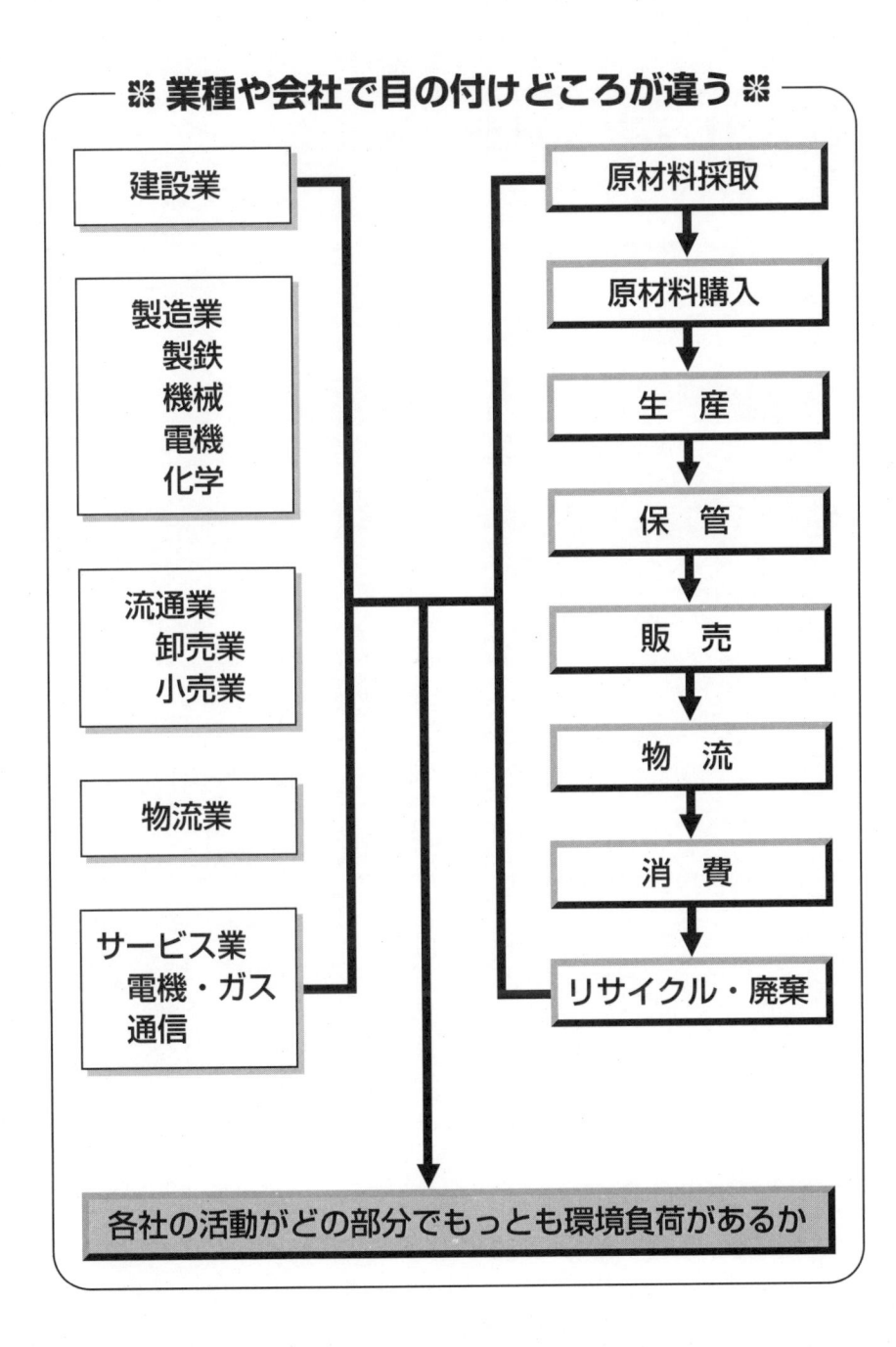

## ※ 業種や会社で目の付けどころが違う ※

- 建設業

- 製造業
  製鉄
  機械
  電機
  化学

- 流通業
  卸売業
  小売業

- 物流業

- サービス業
  電機・ガス
  通信

原材料採取
↓
原材料購入
↓
生産
↓
保管
↓
販売
↓
物流
↓
消費
↓
リサイクル・廃棄

各社の活動がどの部分でもっとも環境負荷があるか

第5章 さらに詳しく環境会計を知る

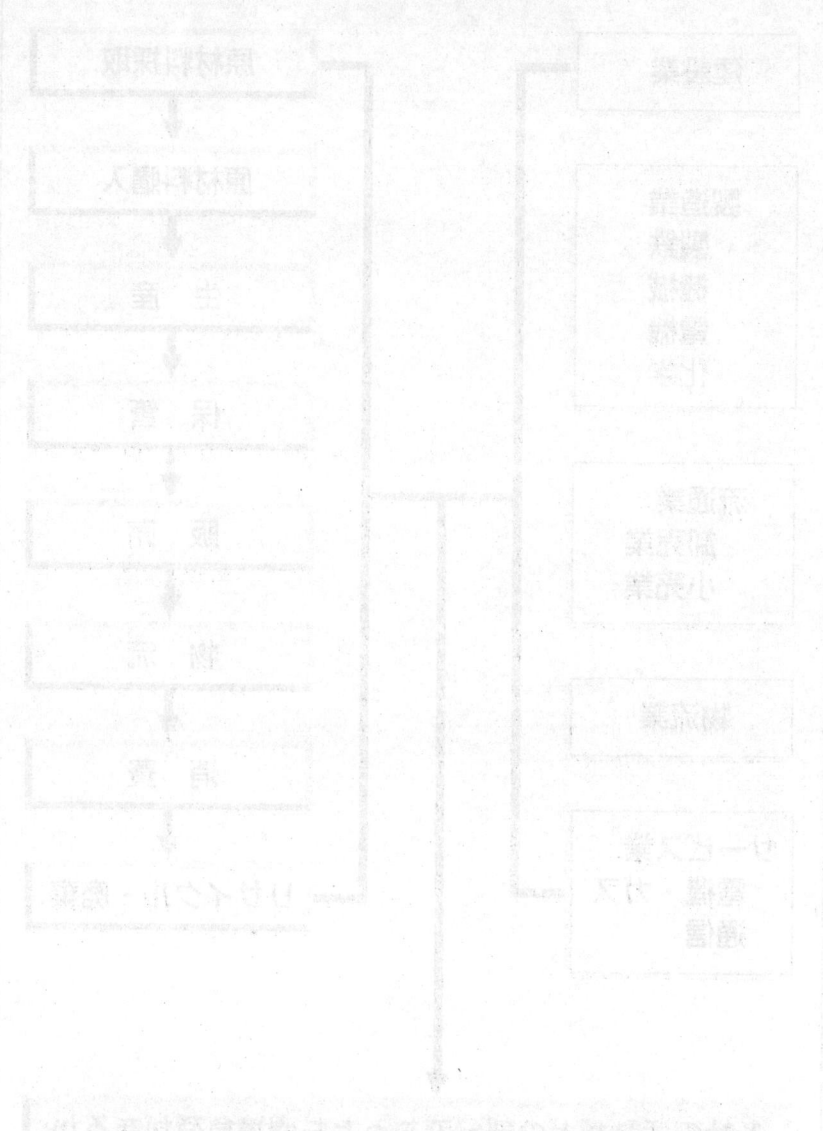

# 第6章 環境会計の事例

環境会計はまだ始まったばかりで会計報告書の一部として公表している企業はありません。各社がどのように環境会計を実施しているかは環境報告書から読みとるしかありません。すでに述べたように，環境報告書を提出，公開している会社は最近まではごく一部でした。

しかし，世界的に環境問題への関心の高まりや各種の環境関係の法令などの制定および環境庁などのガイドラインの発表によって環境報告書を作成する会社が急増しています。

2000年3月に環境庁は「環境会計ガイドブック」を発表しました。また環境会計支援システムを構築して実践の指導も行っています。

これを受けて環境庁の基準に準じるような形で環境会計を導入し，環境報告書の中で表示する企業が多くなってきました。

この基準は法的に強制適用されるものではないし，これからもさらに改定や見直しがされる部分が多いと思われますが，これを見れば各企業が環境対策としてどんな費用の支出や投資を行い，それがどのように役立っているか，また効果を上げているかなどのあらましを知ることができます。

この章では代表的な企業の事例を取り上げて分析してみます。

**Environmental Accounting**

# 57 リコーの環境会計

　リコーは，日本経済新聞社が調査した2000年の第4回「環境経営度調査」で第1位になっています。これは廃棄物や化学物質の管理から環境コストや情報開示，国際規格の取得まで総合的に採点して評価するもので，総合順位でリコーが3年連続トップを維持しています。他の代表的な企業としては日本ＩＢＭ，キャノン，トヨタ自動車など情報機器関連企業や自動車産業が上位を占めています。

　リコーは複写機メーカーとしていち早く環境対策に取り組み，リユース率40％の複写機を開発するなど，環境問題に全社的に取り組み大きな成果を上げています。その特徴は，環境保全活動と経営を同軸としてとらえ，環境保全と経済効率を同時に追求する「環境経営」の実現を目指しているところにあります。また，ヨーロッパの厳しい環境ラベルも取得し世界的に環境対策の企業として評価されています。
　リコーの環境会計の枠組みは，「環境経営」のツールとして「環境会計」を活用しようとするものです。
　基本的な考え方では，環境保全活動と経済価値追求活動を同軸としてとらえ，両者が共に成り立って初めて目指すべき企業経営の実現が図られるとしています。
　導入の狙いとしては，環境会計の結果を適切に判断することにより環境保全のレベルを上げ，企業に関連するステークホルダー（利害関係者，

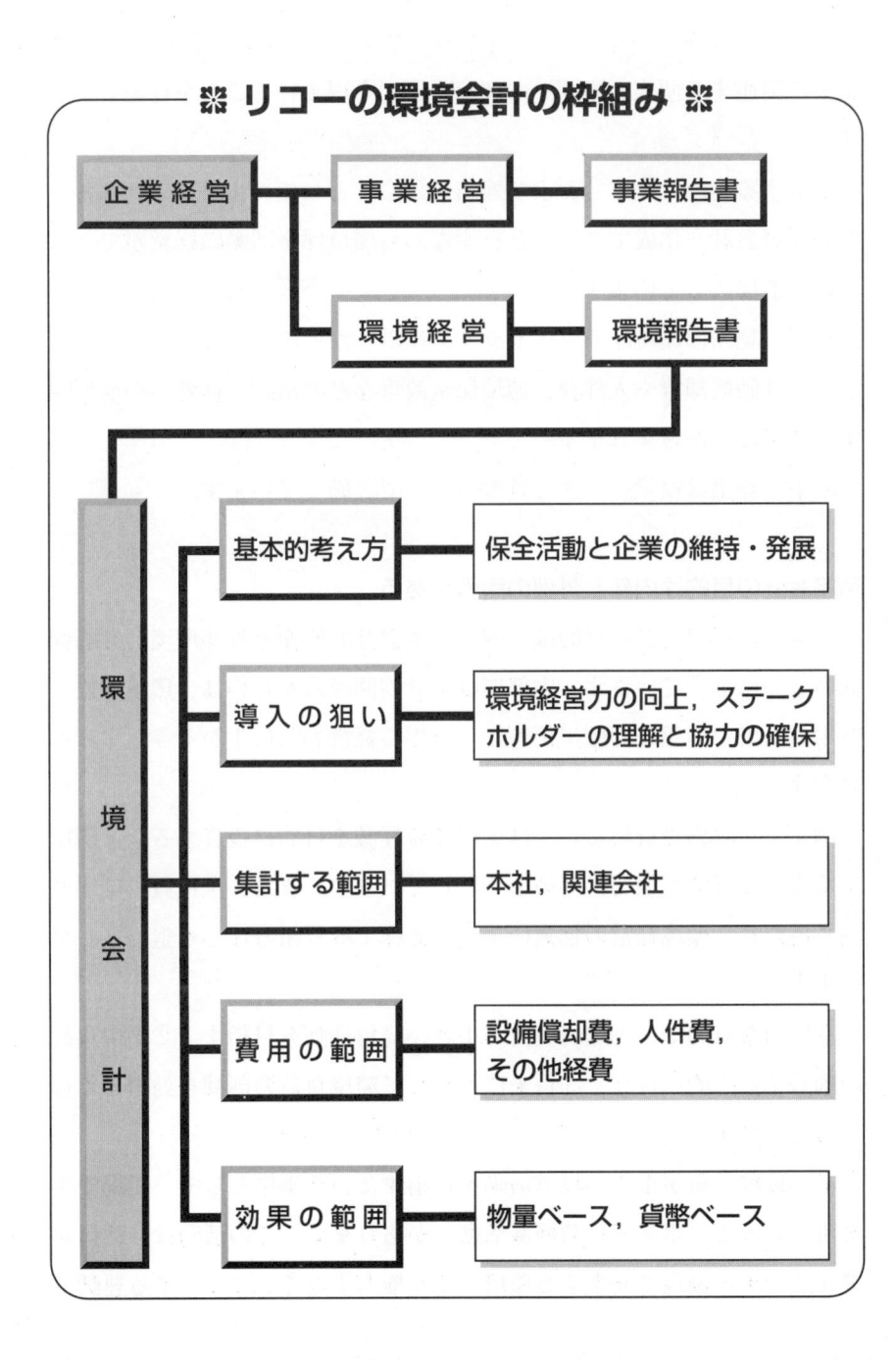

## ❊ リコーの環境会計の枠組み ❊

```
企業経営 ─┬─ 事業経営 ─── 事業報告書
          │
          └─ 環境経営 ─── 環境報告書
```

環境会計
- 基本的考え方 ── 保全活動と企業の維持・発展
- 導入の狙い ── 環境経営力の向上，ステークホルダーの理解と協力の確保
- 集計する範囲 ── 本社，関連会社
- 費用の範囲 ── 設備償却費，人件費，その他経費
- 効果の範囲 ── 物量ベース，貨幣ベース

企業に関連する個人・集団)の理解と協力を得ていくことを目指しています。

　集計する範囲は，本社および連結対象会社としています。これは各会社が環境会計を作成できること，すなわち環境保全活動の経営ができることを前提にしています。

　費用の範囲は環境庁のガイドラインに沿ったもので，設備などの投資とその減価償却費や人件費，環境保全教育などの活動，社外への情報開示の費用などが含まれます。

　効果の算出は物量ベースと貨幣ベースで評価しています。

## 環境会計の目的は内部と外部の両面がある

　リコーの環境会計の目的は，内部環境会計的側面と外部環境会計的側面の2つに分けています。内部環境会計的側面のねらいは，環境関連の費用対効果の情報を的確に把握して分析し経営判断に生かそうとするものです。

　例えば，設備投資においては環境負荷軽減を目的に投資するなど環境を重視して経営を適切に進めようとしています。また，全社員に環境意識を持たせ，環境経営の推進に全社をあげて取り組むことも狙いとしています。

　具体的な目的は，①環境負荷が小さい経営活動を目指す，②環境負荷の削減を効率的に行う，③将来にわたって環境負荷の削減を効率よく行うの3点です。

　①の環境負荷が小さい経営活動を目指すという事例として，工場や事業所における「事業所負荷軽減活動」があります。この活動は，社員が業務遂行する過程で発生する環境負荷を極力少なくしようとする運動で

## リコーの環境会計の目的

**環境会計の目的**

- 内部環境会計的側面
  - 環境負荷が小さい経営活動を目指す
  - 環境負荷の削減を効率よく行う
  - 将来にわたって環境負荷の削減を効率よく行う
- 外部環境会計的側面
  - 外部からの環境コスト情報開示要請に応える
  - 環境活動認知度向上により企業価値の増大を図る
  - 環境会計情報の提供により循環型社会実現に貢献する

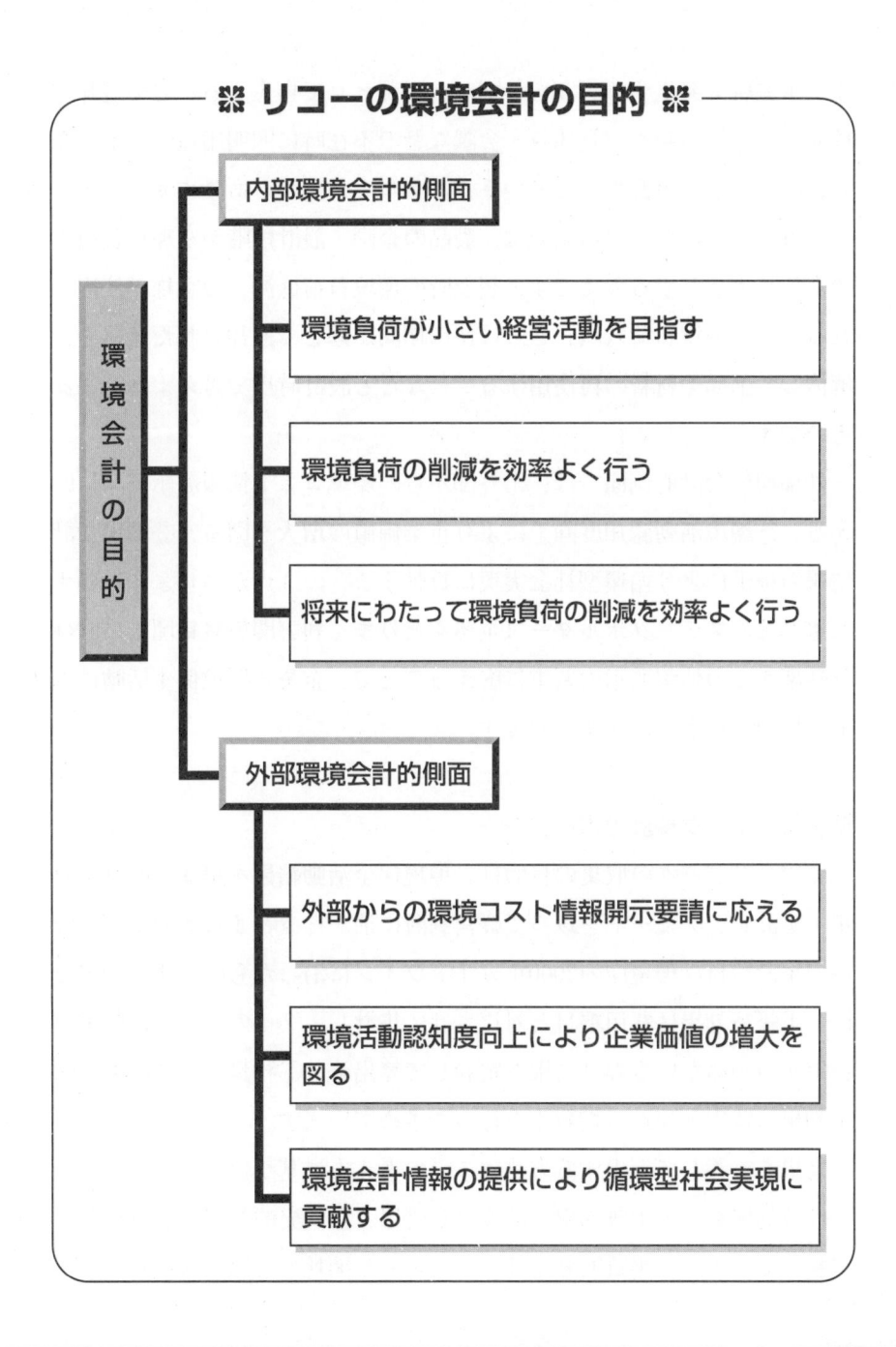

す。事業所で発生するゴミを分別し，資源として再生することで焼却や埋立をなくす活動や，昼休み・会議などの不在時に照明用電気を消したり，パソコンの電源を切るという省エネルギー活動があります。

一方，製品の環境負荷削減は，製品の企画・設計段階から環境負荷を少なくしようとする考えです。製造時の環境負荷低減，お客様が使用されるときの環境負荷低減，さらに使用期間が過ぎて返却された機器を，解体して部品や材料の再使用することなども設計時点で考えようとするものです。

外部環境会計的側面では，①外部からの環境コスト情報開示要請に応える，②環境活動認知度向上により企業価値の増大を図る，③環境会計情報の提供により循環型社会実現に貢献する，の3点があります。いずれも外部のステークホルダー（企業をとりまく利害関係者集団）に向けた外部からの情報開示の要求に応えることで，企業の環境保全活動に理解と協力を得ようとするものです。

## 環境会計データ集計のポイント

環境会計データの収集の目的は，環境保全活動結果を迅速，的確に収集・集計してスピードを以って経営判断に活かそうとするものです。費用の集計項目は環境庁の2000年ガイドラインに沿ったものです。効果では，①経済効果は費用項目と対比させて集計し，②そのままでは効果の数値がつかめないものは効果を定義して算出し，③物量ベースの環境保全効果は費用と利益の指数化を行って求めています。

効果を定義して算出する方法は3つの考え方に基づいています。

経済効果を，①実質効果，②みなし効果，③偶発的効果に3分類して定義しています。実質的効果はエネルギーや消耗品を節約したりリサイ

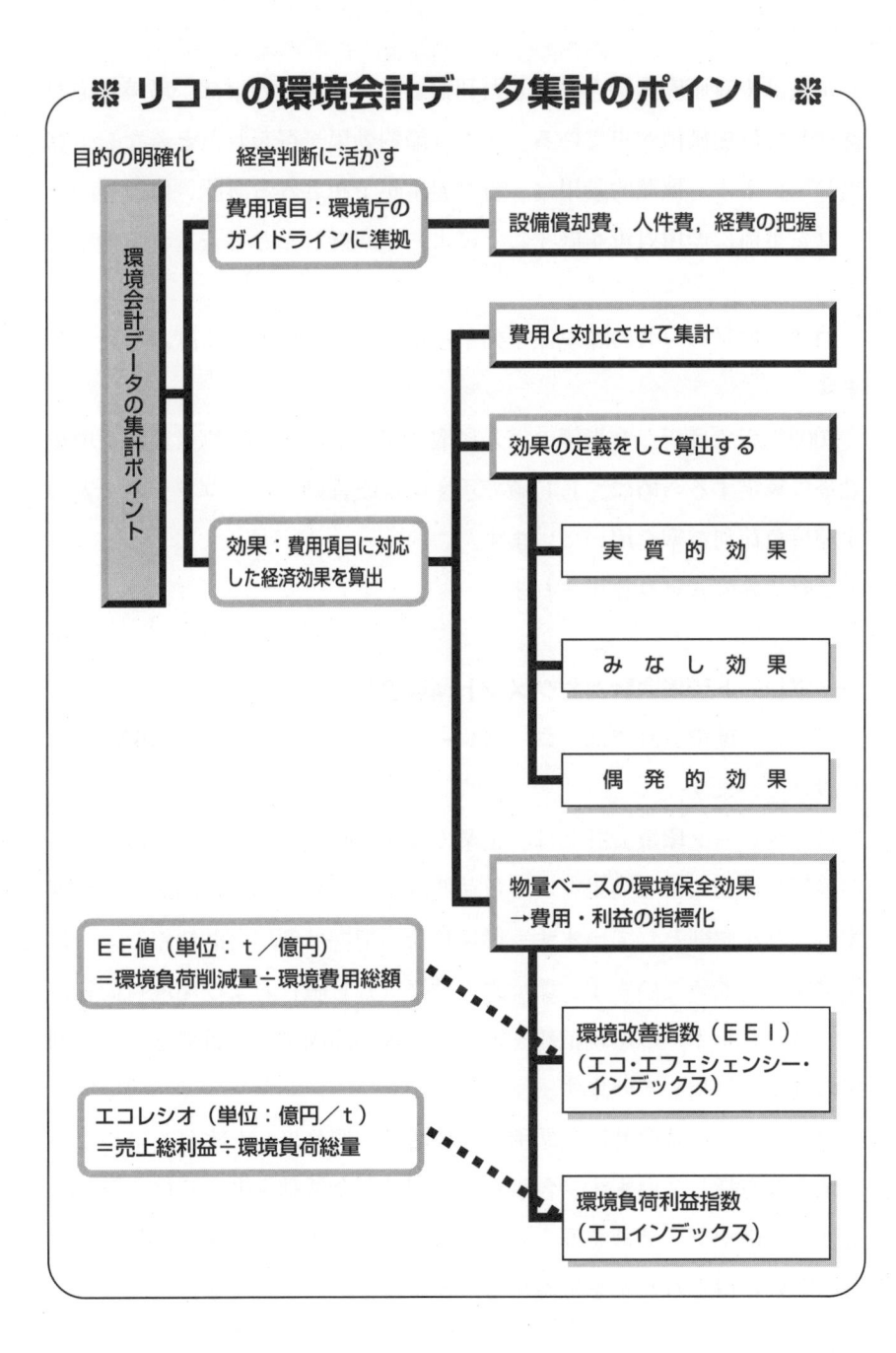

## リコーの環境会計データ集計のポイント

```
                    目的の明確化    経営判断に活かす

環境会計データの集計ポイント
                ├── 費用項目：環境庁の
                │   ガイドラインに準拠 ──── 設備償却費，人件費，経費の把握
                │
                └── 効果：費用項目に対応
                    した経済効果を算出
                        ├── 費用と対比させて集計
                        │
                        ├── 効果の定義をして算出する
                        │       ├── 実 質 的 効 果
                        │       ├── み な し 効 果
                        │       └── 偶 発 的 効 果
                        │
                        └── 物量ベースの環境保全効果
                            →費用・利益の指標化
                                ├── 環境改善指数（EEI）
                                │   （エコ・エフェシェンシー・
                                │    インデックス）
                                └── 環境負荷利益指数
                                    （エコインデックス）
```

EE値（単位：t／億円）
＝環境負荷削減量÷環境費用総額

エコレシオ（単位：億円／t）
＝売上総利益÷環境負荷総量

第6章 環境会計の事例

クル製品や有価廃棄物を売却した利益です。みなし効果は，環境対応が寄与して付加価値が出ている，または節約効果が得られたとみなして算出しています。偶発的効果は，将来発生が予想される訴訟，修復等のリスクを事前に環境対策を施すことによって回避したと考えられる効果です。

つぎに物量ベースの環境保全効果を指標化して把握する試みを見てみます。

2000年版では新たな指標の導入に取り組んでいます。物量数値を環境効率に算定するために，ＥＥ値で示す環境改善効率とエコレシオで表わす環境負荷利益率を用いています。

これは表の式より算出されます。

## コーポレート環境会計とセグメント環境会計

リコーの環境会計では，コーポレート環境会計とセグメント環境会計を設けています。

コーポレート環境会計とは，企業の環境活動全体を表わすものです。環境保全活動による効果を環境負荷低減活動と経済効果の両面から把握することを原則としています。環境負荷の把握は環境会計情報システムを構築して進めています。環境改善効率（ＥＥ値）および環境負荷利益率（エコレシオ）の環境指数を把握し，毎年達成すべき目標を設定し効果の向上を目指しています。

セグメント環境会計は，個別の環境活動を切り出した実務レベルでの環境会計を指しています。各事業所で環境保全活動を進めるにあたって必要な設備やシステムを導入した場合の効果を予測し，導入後狙いどおりの効果が得られたかを把握することなどもその１つです。

## エコレシオ・エコインデックスの算出方法

### 環境改善効率（EE値）

$$EE値 = \frac{環境負荷削減総量}{環境費用総額}$$

＊いかに少ない費用で環境負荷を削減したかを見る。

### 環境負荷利益率（エコレシオ）

$$エコレシオ = \frac{売上総利益}{環境負荷総量}$$

＊いかに少ない環境負荷で利益を上げたかを見る。

### 環境改善指数（EEI：エコ・エフェシェンシー・インデックス）

$$EEI = \frac{環境負荷削減換算値総数}{環境費用総額}$$

### 環境負荷利益指数（エコインデックス）

$$エコインデックス = \frac{売上総利益}{環境負荷換算値総量}$$

効果予測の環境会計の事例として，沼津事業所のコージェネレーションシステム導入に伴う費用対効果予測を見てみましょう。主なコスト項目として設備投資額と人件費，メンテナンス費などの維持管理費について必要な金額を予算計上しています。この投資費用に対する効果を経済効果，環境保全効果，ＥＥ値で予測しています。

　結果把握の環境会計の例として，やしろ工場の用水クローズドシステムにおける排水処理効率化の環境会計を算出しています。ここでもコスト項目は前の事例と同様です。効果は経済効果と環境保全効果を結果として把握しています。

　環境保全活動の投資にあたっては，経済効果だけでなく環境保全効果を予測し，導入後は結果が当初の計画と比較してどうなっているかをきちんと確認し評価します。そして，つぎの環境保全活動の改善に役立てていくことがまさに環境マネジメントの実践になります。

## リコーグループの環境会計集計

　リコーグループの1999年度の環境会計集計は図のようになっています。
　グループでの環境対策費用81億円に対して，効果は96.9億円と黒字になっています。この中でみなし効果は74億円と全体の76.3%を占めています。
　実質効果は，日常業務活動の中で具体的な数値が把握できますので集計は比較的簡単にできるでしょう。環境庁のガイドラインに沿った費用項目に基づき各事業所や部門・課で集計しています。
　みなし効果では6項目によって環境投資の効果があったとみなしています。ここに示された内訳の中で，生産付加価値上の寄与分のみなし効果がもっとも多いものと考えられます。みなし効果をどのように判断す

## ❇ リコーのセグメント環境会計（算出例）❇

### 効果予測の環境会計

<沼津事業所> コージェネレーションシステム導入に伴う費用対効果予測

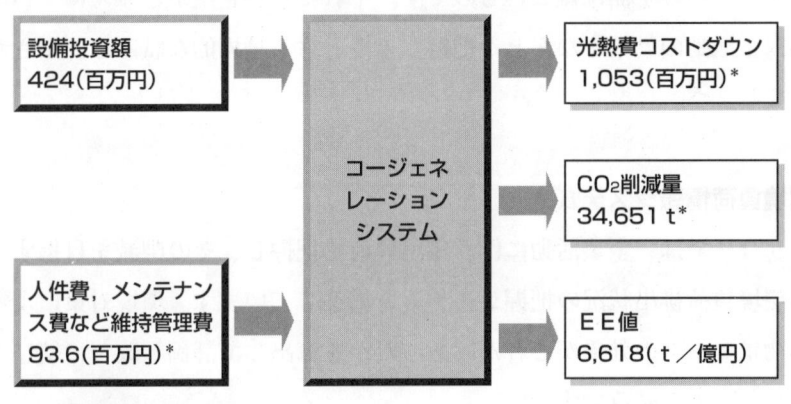

設備投資額 424(百万円) → コージェネレーションシステム → 光熱費コストダウン 1,053(百万円)*

人件費，メンテナンス費など維持管理費 93.6(百万円)* → コージェネレーションシステム → $CO_2$削減量 34,651 t*

→ ＥＥ値 6,618(t／億円)

＊　償却期間トータルでカウント

### 結果把握の環境会計

<やしろ工場> 用水クローズドシステムにおける排水処理効率化の環境会計

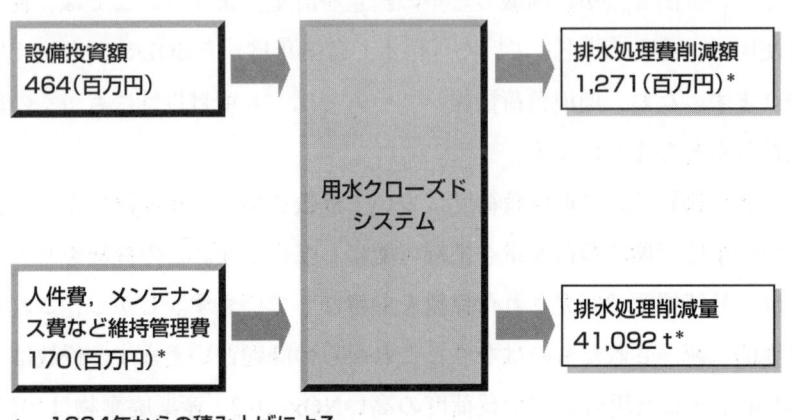

設備投資額 464(百万円) → 用水クローズドシステム → 排水処理費削減額 1,271(百万円)*

人件費，メンテナンス費など維持管理費 170(百万円)* → 用水クローズドシステム → 排水処理削減量 41,092 t*

＊　1994年からの積み上げによる

るかは，本部のガイドラインによって各部門で算出しています。

偶発的効果もみなし効果と同様に，本部のガイドラインに基づいて算出しています。この場合も汚染や訴訟などのリスクがどの程度の確率で発生するかの予測は難しいものです。それでも各企業がとらえにくい環境保全活動の効果をなんとか把握しようとする積極的な試みは評価されるでしょう。

**環境負荷情報システム**

リコーでは，企業活動に伴う環境負荷を把握し，その削減を目指すため環境負荷排出状況の把握システムを構築しています。環境対策によって物量ベースの効果がどれだけあったかを算出して評価し改善に結びつけようとする試みです。

環境負荷を二酸化炭素（$CO_2$），窒素酸化物（NOx），硫黄酸化物（SOx），産業廃棄物，生物化学的酸素要求量（BOD），170種類の化学物質（PRTR）の6項目に分類しています。これらを事業活動全体でどのくらい排出したか，削減したかの総量を計上します。ここでは，従来は使用・削減量で計上していた「用水」は99年度からBODに置き換えております。なお，環境負荷情報システムでは，6項目以外にも多くの環境負荷をとらえています。

つぎに物質ごとに環境負荷度について係数を用いて重み付けをして，1つの単位で環境負荷総量を把握可能にしています。この係数をリコーでは，外部機関で開発された係数を参考にしています。しかし，これも世界的に統一されたものはなく，これからの課題といえます。係数は，$CO_2$を1とした場合，環境負荷度の高いNOxは6.2，産業廃棄物は104となります。

## リコーグループの環境会計集計（1999年度）

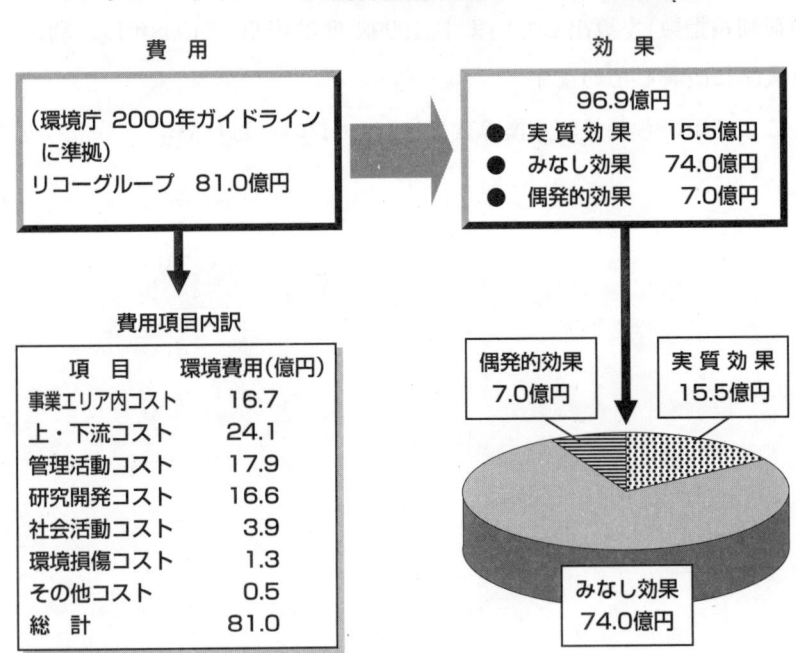

**費用**

（環境庁 2000年ガイドラインに準拠）
リコーグループ　81.0億円

→

**効果**

96.9億円
- 実質効果　　15.5億円
- みなし効果　74.0億円
- 偶発的効果　　7.0億円

### 費用項目内訳

| 項　目 | 環境費用（億円） |
|---|---|
| 事業エリア内コスト | 16.7 |
| 上・下流コスト | 24.1 |
| 管理活動コスト | 17.9 |
| 研究開発コスト | 16.6 |
| 社会活動コスト | 3.9 |
| 環境損傷コスト | 1.3 |
| その他コスト | 0.5 |
| 総　計 | 81.0 |

偶発的効果　7.0億円
実質効果　15.5億円
みなし効果　74.0億円

### 効果内訳

| | 項　目 | 金　額 |
|---|---|---|
| 実質効果 | ①節約効果（電気代，ガス代，上下水道代，廃棄物処理費，購入節約代，リサイクル売却等） | 9.6億円 |
| | ②製品リサイクルの売却額 | 5.8億円 |
| | ③エコ包装 | 0.5億円 |
| みなし効果 | ①生産付加価値上の寄与分 | 74.0億円 |
| | ②環境教育みなし効果 | |
| | ③EMS構築みなし効果 | |
| | ④報道記事におけるみなし効果 | |
| | ⑤ホームページ閲覧効果 | |
| | ⑥R＆Dによる販売付加価値寄与 | |
| 偶発的効果（ISO14001環境影響評価に基づく改善項目で汚染防止公害防止関連の発生頻度と影響範囲を想定算出→リスク未然防止項目：訴訟，操業停止，修復） | | 7.0億円 |

こうして計算した環境負荷換算値総量からエコインデックス（環境負荷利益指数）を算出しています。1999年度は約230で1998年度の約150より大幅に改善しています。

　ここで用いられている換算式は153ページのとおりです。

## ❈ リコーの環境負荷排出状況把握システム ❈

環境負荷排出フロー

環境負荷 → 
① CO₂ ： 二酸化炭素
② NOx ： 窒素酸化物
③ SOx ： 硫黄酸化物
④ 産業廃棄物
⑤ BOD ： 生物化学的酸素要求量
⑥ PRTR対象物質

↓

排出総量，削減量計上

↓

係数を用いて重み付け→環境負荷度

↓

負荷換算値→環境負荷換算値総量

↓

エコインデックス（環境負荷利益指数）
ＥＥＩ（環境改善指数）

### リコーグループの1999年度における環境負荷の排出状況

| 環境負荷の項目 | 削減量(t) | 換算係数 | 削減換算値 | 排出総量(t) | 負荷換算値 |
|---|---|---|---|---|---|
| CO₂ | 11,317 | 1.0 | 11,317 | 262,053 | 262,053 |
| NOx | 2.006 | 6.2 | 12.44 | 67.11 | 416.1 |
| SOx | 7.404 | 0.9 | 6.663 | 14.53 | 13.08 |
| BOD | 1.726 | 0.1 | 0.1726 | 36.61 | 3.661 |
| 廃棄最終処分量 | 3.458 | 104.0 | 359,632 | 6,538 | 679,952 |
| PRTR対象物質 | | | 47,120 | | 250,683 |
| 合　計 | | | 418,088 | | 1,193,121 |

ＥＥＩ（環境改善指数）0.0516　エコインデックス（環境負荷利益指数）230.3

第6章　環境会計の事例

# 58 富士通の環境会計

　富士通は，環境報告書で1997年度から環境会計の実績を開示しています。内容は表のとおりで親会社と連結会社202社を区分して表示,合計してグループとしてはどうであったかがわかるようになっています。

　基本的な考え方は数量で把握して金額に換算するということです。信頼性を得るために第三者機関による審査を受けています。

　注目する主なところはつぎのとおりです。

## 効果が費用を上回る

### ＜生産支援の環境保全が寄与＞

　富士通の環境会計において環境保全効果が費用を上回っています。特に寄与率の大きいのは，生産活動により得られる製品の付加価値のうち,環境保全活動寄与分です。効果総額222億円のうち34.7％を占め77億円になっています。

　生産寄与分は，一部の企業が効果に含めていますが，各社それぞれ独自の算定基準によって判断しているようですが，統一した指標にはなっておりません。またその詳しい内容や効果・基準なども開示されていないケースが一般的です。寄与の具体的な数値が実数として把握できないため試行錯誤を繰り返しながらよりよいものに改善していこうとしているようです。その妥当性を補完するために第三者機関による審査などが採用されているのです。

## 富士通の環境会計（1999年度）

<環境会計の推移>
(1) 費用対効果　　　　　　　　　　　　　　　　　　　　　　　　　（単位：億円）

| 分類 | 1997年度 費用 | 1997年度 効果 | 1998年度 費用 | 1998年度 効果 | 1999年度 費用 | 1999年度 効果 | 2000年度(予測) 費用 | 2000年度(予測) 効果 |
|---|---|---|---|---|---|---|---|---|
| 富士通 | 79 | 83 | 80 | 97 | 85 | 103 | 89 | 120 |
| 連結会社 | － | － | 70 | 84 | 82 | 119 | 94 | 124 |
| 合計 | 79 | 83 | 150 | 181 | 167 | 222 | 183 | 244 |

(注) 1997年度における富士通の費用と効果は，過去の実績データをもとに1998年度結果より推定。

(2) 設備投資　　　　　　　　　　（単位：億円）

| 分類 | 1997年度 | 1998年度 | 1999年度 | 2000年度(予測) |
|---|---|---|---|---|
| 富士通 | 13 | 12 | 22 | 25 |
| 連結会社 | － | 21 | 23 | 26 |

(注) 連結会社の1997年度の設備投資は，未集計。

<1999年度 環境会計実績>　　　　　　　　　　　　　　　　　　　　　　　　　（単位：億円）

| 項目 | | 範囲 | 富士通 | 連結会社 | 合計 |
|---|---|---|---|---|---|
| 費用 | (1)直接的費用 | 生産活動を確保するための環境保全活動費用（環境設備導入・維持費用等） | 39 | 37 | 76 |
| | (2)間接的費用 | 環境推進活動費用(人件費)，EMS認証取得・維持費用 | 13 | 18 | 31 |
| | (3)省エネルギー費用 | 省エネルギー対策費用 | 10 | 1 | 11 |
| | (4)リサイクル費用 | 廃製品の回収，リサイクル，リユース等費用 | 3 | 3 | 6 |
| | | 廃棄物処理費用 | 8 | 10 | 18 |
| | (5)研究開発費用 | グリーン製品，環境対応技術の開発費用 | 3 | 6 | 9 |
| | (6)社会的取組費用 | 緑化推進，環境報告書作成，環境宣伝等の費用 | 3 | 3 | 6 |
| | (7)その他 | 地下水汚染対策等の環境リスク対応費用 | 6 | 4 | 10 |
| | 合計 | | 85 | 82 | 167 |
| 効果 | (1)生産支援のための環境保護 | 生産活動により得られる製品の付加価値のうち，環境保全活動の寄与分 | 37 | 40 | 77 |
| | (2)省エネルギー活動 | 電力，油，ガス使用量減に伴う費用削減額 | 13 | 7 | 20 |
| | (3)リサイクル活動 | 廃製品リサイクルによる有価品・リユース品の売却額 | 7 | 29 | 36 |
| | | 廃棄物減量化によるコストダウン額 | 1 | 3 | 4 |
| | (4)リスクマネジメント | 法規制不遵守による事業所操業ロス回避額 | 20 | 13 | 33 |
| | | 地下水汚染対策等による住民補償，保険費用 | 7 | 16 | 23 |
| | (5)環境ビジネス活動 | 環境ビジネス製品(環境ソリューション,グリーン製品等)販売貢献額 | 6 | 1 | 7 |
| | (6)環境活動の効率 | ペーパーレス効果，管理システム活用によるコストダウン額等 | 9 | 9 | 18 |
| | (7)環境教育活動 | 環境ISO構築コンサルタント，監査員教育等の社内教育効果額 | 3 | 1 | 4 |
| | 合計 | | 103 | 119 | 222 |

ちなみに欧米の主要な国々ではしかるべき公的な認定を受けた機関によって審査実施が義務づけられていることが多いようです。

富士通はあえて生産に寄与する数値を開示し，今後さらに検討を加えて精度を高めていこうとしています。

**リスクマネジメントの効果**

リスクマネジメントの考え方でも効果の判断が異なってきます。法規制不遵守による事業所操業ロスが回避される，地下水汚染対策等による住民補償や保険費用の支払が軽減されるなどのリスクマネジメントのコストをどう評価するかも今後の課題です。

これも更に検討を加えて妥当性のあるものにしていく必要があるでしょう。

＜環境会計の第三者機関の認証＞

富士通では環境会計の信頼性や透明性を得るため，専門の第三者機関の認証を受けています。認証内容は，期間中の環境会計と環境パフォーマンスの情報収集過程およびそれに関わる算定基準や手順書の確認などの審査，集計終了後における集計方法や記載内容の確認審査などです。

他の企業でもこのような第三者機関による認証を取得しているところも増加しており，今後加速されると考えられます。

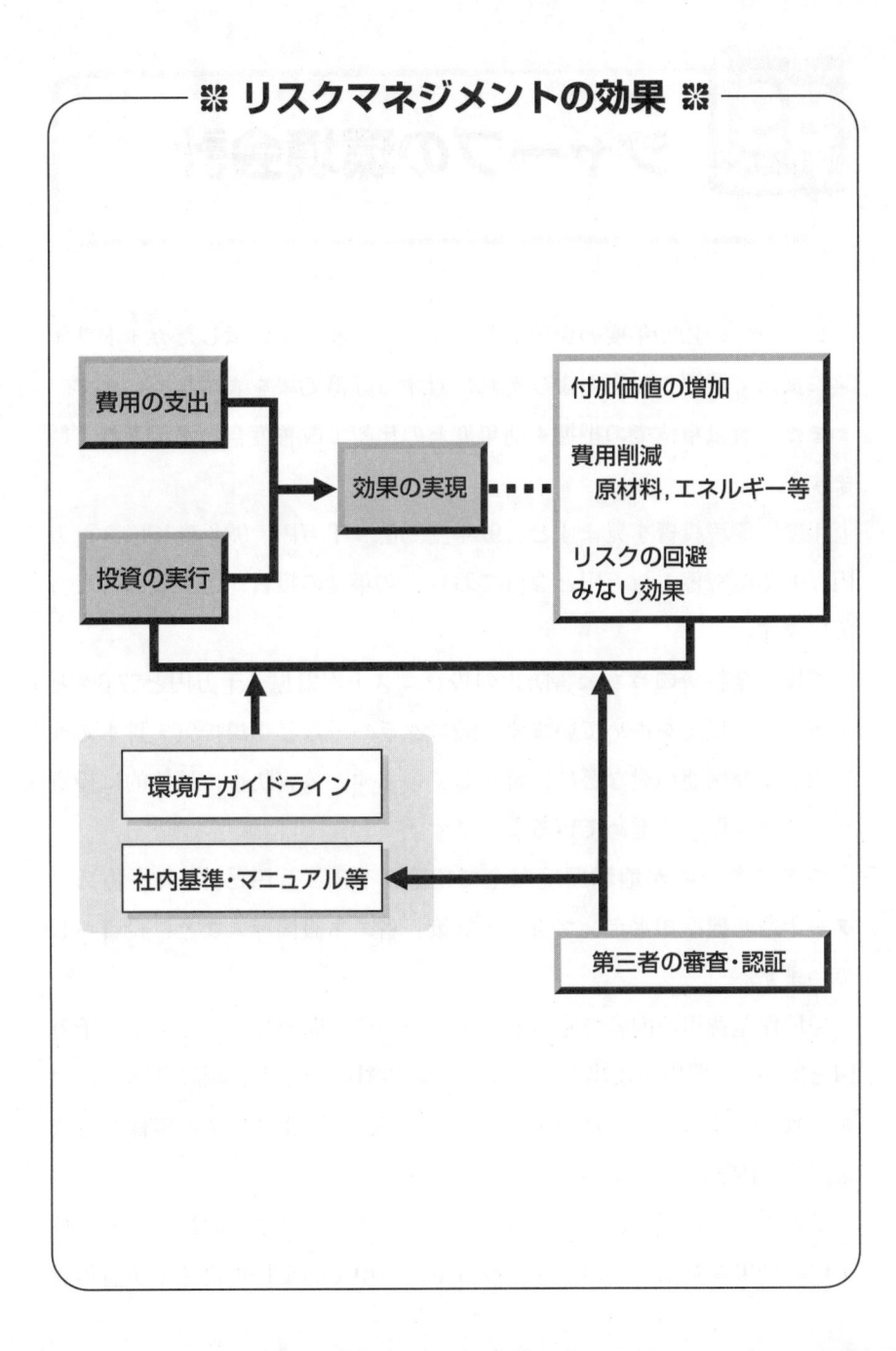

## ❈ リスクマネジメントの効果 ❈

```
費用の支出 ┐
          ├→ 効果の実現 ┈┈→  付加価値の増加
投資の実行 ┘                
                            費用削減
                              原材料, エネルギー等
                            
                            リスクの回避
                            みなし効果

     ↑                  ↑
環境庁ガイドライン
社内基準・マニュアル等 ←── 第三者の審査・認証
```

第6章 環境会計の事例

# 59 シャープの環境会計

　シャープの1999年度の環境会計は環境庁が2000年に示したガイドラインに従って費用，投資およびそれに対する経済効果を表示しています。

　また，数量単位での把握も前年度との比較で改善度合いが示されています。

　年度別環境投資を見ますと，97年度35億9千万円，98年度13億9百万円，99年度37億1百万円となっており，99年度の投資が過去最高になっています。

　環境保全投資のうち公害防止の投資コストが21億3千万円と57.6％と全体の半分以上を占めています。酸スクラバーなど工場排気・排水処理施設および関連施設などに投資をしています。公害防止に積極的に投資をして環境保全を進めているようです。

　つぎに多いのが地球環境保全で13億9千3百万円と37.6％を占め，ターボ冷凍機冷却水ポンプ省エネ対策，省エネ設備導入などに投資をしています。

　環境保全費用の内容でもっとも多いのが研究開発コストで38億4千万円と34.7％の費用を支出しています。環境対応商品の企画設計開発に力を入れているのがわかります。そのつぎが公害防止費用で環境保全投資と同様の内容になっています。

　このような投資による効果はどうでしょうか。効果は数量単位と貨幣単位の効果を算出しています。数量単位の中で廃棄物再資源化が前年対

## シャープ環境会計

<1999年度集計結果>　　　　　　　　　　　　　　　　　　　　　　(単位：百万円)

### 環境保全コスト

| 大分類 | 中分類 | | 投資 | 費用 | 具体的な取組事例 費用支出内容 |
|---|---|---|---|---|---|
| 1)事業エリア内コスト | 事業エリア内で生じる環境負荷を抑制するための環境保全コスト | 公害防止 | 2,130 | 1,970 | 酸スクラバー，排水処理設備点検　他 |
| | | 地球環境保全 | 1,393 | 1,102 | ターボ冷凍機冷却水省エネ化　他 |
| | | 排気排水処理など資源循環 | 114 | 1,449 | 廃棄物処理費用　他 |
| | | 計 | 3,637 | 4,521 | ― |
| 2)上・下流コスト | 生産活動に伴うリサイクル | | ― | 323 | 容器包装などのリサイクルコスト　他 |
| 3)管理活動コスト | 管理活動における環境保全コスト | | 64 | 1,771 | ISO認証更新・環境管理コスト |
| 4)研究開発コスト | 研究開発活動における環境保全コスト | | ― | 3,840 | 環境対応商品企画設計開発　他 |
| 5)社会活動コスト | 社会活動における環境保全コスト | | ― | 299 | 環境美化景観維持・環境広告　他 |
| 6)環境損傷コスト | 環境損傷，その他環境保全コスト | | ― | 301 | 土壌地下水汚染調査・モニタリング　他 |
| 合計 | | | 3,701 | 11,056 | ― |

| 効果の内容 | 項目 | 1999年度実績 | 前年比 |
|---|---|---|---|
| 事業エリア内環境保全効果 | $CO_2$生産高原単位 | 商品部門 2.2 t-c／億円 | 96.1% |
| | | デバイス部門 15.1 t-c／億円 | 83.8% |
| | 廃棄物再資源化量 | 47,780トン | 137.9% |
| | 廃棄物最終処分量 | 5,109トン | 50.2% |
| 容器包装などのリサイクル効果 | 発泡スチロール使用量 | 1,271トン | 89.0% |

(単位：百万円)

### 環境保全対策に伴う経済効果(貨幣単位)

| 効果の内容 | 項目 | 金額 |
|---|---|---|
| 省エネルギーによる費用節減 | 電気・ガス・水道・燃料　など | 1,114 |
| 有価物売却益 | 金，鉄，ガリウム砒素　など | 496 |
| 廃棄物処理費用の削減 | | 453 |
| 計 | | 2,063 |

比で37.9％増加したのに伴って，廃棄物最終処分量が前年比50.2％と約半減しています。廃棄物処分の環境対策が大きな効果をあげています。
　包装容器などのリサイクルによる効果も順調に推移しているようです。

　経済効果では，省エネルギーによる費用節減，有価物売却益，廃棄物処理費用の削減など実数値で把握できるものだけを対象に算出しています。省エネによる費用節減が54％となっています。
　単純に金額を比較すると，110億56百万円の費用に対して経済効果は20億63百万円と結果は89億93百万円のマイナスとなっています。
　ただし，赤字だから悪いと単純に決めつけることはできません。みなし効果や数量単位で把握されている改善効果がどのように金額に反映されているかは明らかではありません。
　前年比較での改善量，あるいは内部で決めた標準値との対比くらいは開示が望まれます。
　他社と比較するとすれば，費用と投資の支出金額くらいですが，それが会社にとって適正なものかどうかは判断が難しいところです。
　注目することは，前述したように研究開発コストが38億円強で，事業エリア内コストも大きいところから当社の環境対策はこれから本格的なものとなっていく過程にあるということでしょう。
　傾向としては，環境対策を始めた初期に多額の投資や費用が多いが，基盤ができあがると効果の方が多くなりプラスが拡大していくことが考えられます。

## ❆ 投資・費用による効果 ❆

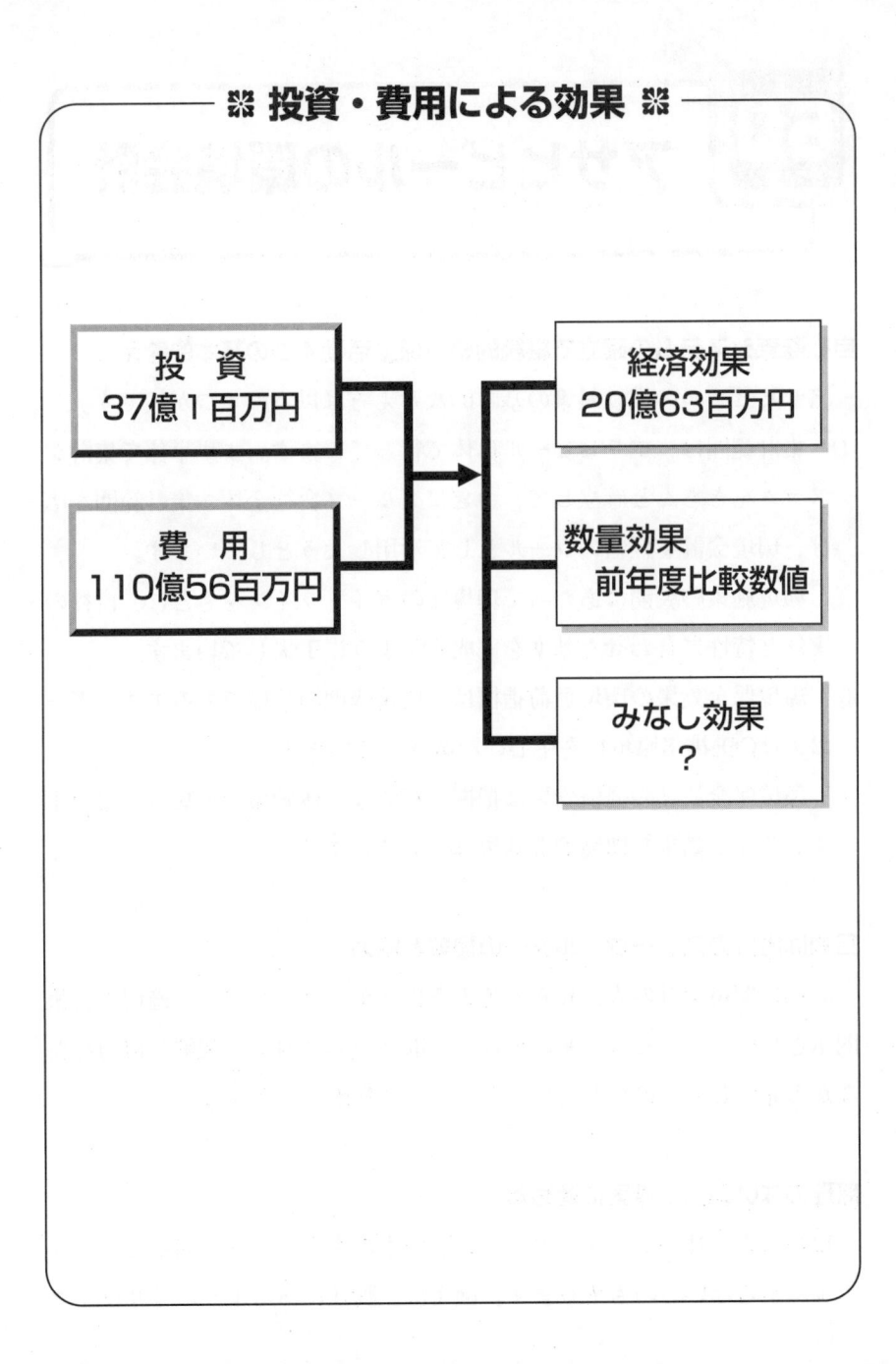

```
┌─────────────┐         ┌─────────────┐
│   投　資    │         │  経済効果   │
│ 37億1百万円 │────┐    │20億63百万円 │
└─────────────┘    │    └─────────────┘
                   ├───▶
┌─────────────┐    │    ┌─────────────┐
│   費　用    │    │    │  数量効果   │
│110億56百万円│────┘    │前年度比較数値│
└─────────────┘         └─────────────┘
                        ┌─────────────┐
                        │ みなし効果  │
                        │      ?      │
                        └─────────────┘
```

# 60 アサヒビールの環境会計

**自社監査システムの確立で継続的環境保全活動4つの基本的考え**

アサヒビールの環境対策の基本的な考え方は以下の4つが柱です。

① 集計範囲は，アサヒビール単体で行っています。まず単体で集計システムをきちんと確立して，つぎにグループ会社全体へ集計範囲を広げ，環境会計を経営のツールとして活用しようとしています。

② 環境施策の展開にあたって環境庁のガイドラインをもとに，自社の実体と特性に合わせた基準を完成するように工夫しています。

③ 環境保全効果の環境負荷指標は，環境管理の目標であるエネルギーおよび$CO_2$排出原単位を中心に記載されています。

④ 環境保全活動の経済効果は把握の可能な実体効果のみ集計しています。みなし効果や偶発的な効果は含めていません。

**目的は内外のステークホルダーの理解と協力**

詳細は環境会計の表に見られるようにステークホルダーに適切な情報開示を行い，アサヒビールの環境への取り組みに対して理解と協力を得ながら充実したものにしていこうという姿勢が見られます。

**無理のない範囲で着実に進める**

現在はまだ社内データが揃っていないものもあり十分に開示できるレベルに至らないものもあります。例えば，脚注にあるように「リサイク

## アサヒビール環境会計(1)

<環境保全コスト>
(単位:百万円)

| 分類 | 主な取り組み内容 | 投資額 | 費用額 |
|---|---|---|---|
| 1. 生産・サービス活動により事業エリア内で生じる環境負荷を抑制するための環境保全コスト（事業エリア内コスト） | | 3,435 | 10,144 |
| （1）公害防止コスト | ○大気汚染，水質汚濁防止活動<br>○公害防止設備の保守・点検<br>○大気・水質等の分析，測定 | 736 | 5,289 |
| （2）地球環境保全コスト | ○オゾン層破壊防止の取り組み（工場のノンフロン化等）<br>○省エネルギー活動 | 1,943 | 1,009 |
| （3）資源循環コスト | ○工場廃棄物再資源化への取り組み<br>○リサイクル推進活動<br>○廃棄物処理設備の導入 | 756 | 3,846 |
| 2. 生産サービス活動に伴って上流または下流で生じる環境負荷を抑制するためのコスト（上・下流コスト） | ○リサイクル推進・支援活動（容器包装再商品化委託金等）<br>○グリーン購入 | — | 35 |
| 3. 管理活動における環境保全コスト（管理活動コスト） | ○ISO14001の取得・維持のための取り組み<br>○環境教育のための費用 | — | 462 |
| 4. 研究開発活動における環境保全コスト（研究活動コスト） | ○研究開発センター，工場の環境保全に関わる研究開発 | 58 | 141 |
| 5. 社会活動における環境保全コスト（社会活動コスト） | ○環境美化活動<br>○庄原林業所運営費用<br>○環境保護団体等への寄付<br>○環境広告（環境報告書作成費用含む）<br>○公害賦課金等 | 38 | 407 |
| 6. 環境損傷に対するコスト（環境損傷コスト） | | — | — |
| 合計 | | 3,531 | 11,189 |

<年間の全設備投資の総額>
(単位:百万円)

| 項目 | 内容等 | 金額 |
|---|---|---|
| 当該期間の設備投資の総額 | 設備の更新，品質改善および合理化のための投資等 | 47,385 |

ルに伴う廃棄物処理費用の削減額」はまだ把握されていません。今後は，定期的な見直しと検討を加えてより確実性，有効性を高めていきたいと記述しています。無理のない範囲で確実に環境対策を進めることが大切です。

### 地域の環境保全に力を注ぐ

地域の社会活動では環境美化活動や環境保護団体への寄付なども含めて，全国の事業所で地域住民との環境保全活動をとおして企業イメージの向上と従業員の意識の向上に努めています。

### ISO14001取得に合わせて自主監査を強化

ISO14001の認証取得は1998年の福島工場をはじめ毎年取得の事業所を拡大しています。従来の工場が実施する監査に加えて，2000年からは本社が環境監査のチェック項目を設定して自主監査を強化することなど体制の整備に努めています。

### 環境保全の3本柱：地球環境保全，資源循環，公害防止

環境対策の柱を事業エリア内の対策と位置づけ，地球環境保全コスト，資源循環コスト，公害防止コストの順に投資を行っています。工場廃棄物の再資源化やリサイクル推進などの資源循環コストで投資，費用合わせて約46億円を投じています。省エネルギー活動の結果，燃料や電力の排出原単位，用水使用原単位でいずれも前年を上回った環境保全効果を上げています。また省エネルギー施策による費用削減額を経済効果として算出しています。

## ❈ アサヒビール環境会計(2) ❈

<環境保全効果> (単位:百万円)

| | 効果の内容 | 環境負荷指標 |
|---|---|---|
| 1 | 事業エリア内で生じる環境保全効果<br>(事業エリア内効果)<br>○法規制値の遵守<br>○温室効果ガスの排出抑制(工場部門)<br>○省エネルギー<br>○廃棄物の再資源化 | 左記環境保全効果の内容のうち,「温室効果ガスの排出抑制」「省エネルギー」「廃棄物の再資源化」に関する環境負荷指標は,以下のとおりです。<br>【温室効果ガスの排出抑制】<br>●$CO_2$排出原単位(kg/kl)<br>　1998年　216<br>　1999年　216 |
| 2 | 上・下流で生じる環境保全効果<br>(上・下流効果) | 【省エネルギー】<br>●「燃料+電力」排出原単位(Mcal/kl)<br>　1998年　742.4<br>　1999年　756.1<br>●用水使用原単位($m^3$/kl)<br>　1998年　8.6<br>　1999年　8.7 |
| 3 | その他環境保全効果<br>○庄原林業所における$CO_2$の固定 | 【廃棄物の再資源化】<br>●工場発生廃棄物の再資源化量(千t)と再資源化率(%)<br>　　　　　再資源化量　再資源化率<br>　1998年　　394　　　　99.1<br>　1999年　　414　　　100.0 |

<環境保全対策に伴う経済効果> (単位:百万円)

| 効果の内容 | 金額 |
|---|---|
| 廃棄物再資源化による有価物の売却収入総額(廃棄物再資源化に伴い,売却によって得られた収入の総額のみを記載) | 535 |
| 省エネルギー施策による費用削減額(全社施策として取り組んだ省エネルギー施策によって削減できたエネルギーの削減効果額を記載) | 250 |
| 小　　計 | 785 |

(注)リサイクルによる廃棄物処理費用の削減額は,今回把握しておりません。

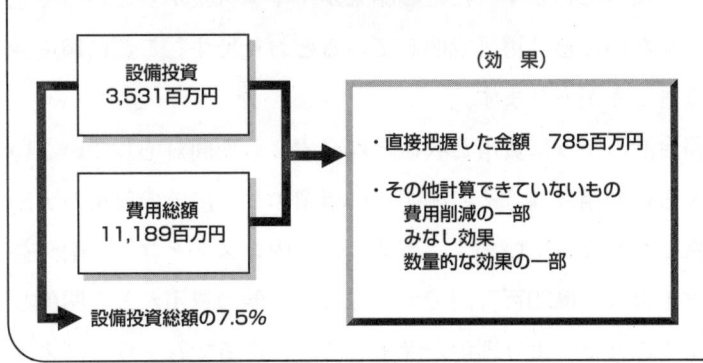

設備投資　3,531百万円
費用総額　11,189百万円
設備投資総額の7.5%

(効 果)
・直接把握した金額　785百万円
・その他計算できていないもの
　　費用削減の一部
　　みなし効果
　　数量的な効果の一部

第6章　環境会計の事例

## 61 NECの環境会計

　NECの2000年報告では，事業部門別に連結ベースで費用と収益が開示されています。

　コストの項目では事業エリア内コストが57％と突出しており，これは会社の活動からいってもまず妥当な線でしょう。ただし，設備投資や減価償却費は読み取れません。

　この報告から会社が今どの部分に力を入れているかがわかってきます。技術革新が激しい半導体や電子部品などのデバイスの分野への費用の投入が目立ちます。新しい分野だからそれなりに環境への配慮にも力を入れるということでしょう。これに対して従来の基盤製品であるパソコンや通信関係への費用は少なくなっています。これは，すでに環境対策があらまし終了していることかと推定されます。

　つぎに収益ですが，費用とコスト削減益との差額はマイナス101億63百万円と大きくなっています。ただし結果がマイナスだからといって悪いと一概にいえないことは再三説明しているとおりです。ここに環境会計を評価する難しさがあります。

　一般の財務会計のように費用と収益とは必ずしも期間対応していないからです。NECの場合は，その説明では事業エリア内での対策の実施が大きく貢献したとなっています。事業エリア内コストとコスト削減益との差額はマイナス26億39百万円です。さらに，他の費用がどう関係しているかを知ることで，より理解が深まることになるでしょう。例えば，

## NEC環境会計(1999年度)

(単位：百万円)

| 費用 | | C&C パーソナル・コンピュータ事業グループ | C&C 基盤事業グループ | 半導体電子部品事業グループ | 会社スタッフ及び研究開発部門 | 海外生産会社 | NEC連結合計 |
|---|---|---:|---:|---:|---:|---:|---:|
| 事業エリア内コスト | 公害防止施策費 | 19 | 21 | 4,780 | 1,433 | 386 | 6,639 |
| | 地球温暖化防止施策費 | 27 | 41 | 443 | 190 | 76 | 777 |
| | 資源有効活用施策費 | 6 | 1 | 199 | 5 | 2 | 213 |
| | 資源循環施策費 | 7 | 48 | 227 | 26 | 12 | 320 |
| | 廃棄物処理費 | 113 | 96 | 1,199 | 632 | 214 | 2,254 |
| | 小計 | 172 | 207 | 6,848 | 2,286 | 690 | 10,203 |
| 上・下流コスト | グリーン購入関連費 | 1 | 1 | 45 | 9 | 15 | 71 |
| | 製品アセスメント費 | 531 | 3 | 3 | 44 | − | 581 |
| | 小計 | 532 | 4 | 48 | 53 | 15 | 652 |
| 管理活動コスト | 環境活動に関わる人件費 | 222 | 386 | 732 | 2,356 | 506 | 4,202 |
| | 環境教育費 | 24 | 51 | 44 | 127 | 26 | 272 |
| | 化学物質管理対策費 | 4 | 1 | 37 | 23 | 35 | 100 |
| | 分析測定費 | 22 | 59 | 191 | 200 | 1 | 473 |
| | 届け出・許認可費 | 1 | 1 | 11 | 4 | 5 | 22 |
| | ISO維持, 環境監査費 | 20 | 29 | 37 | 105 | 192 | 383 |
| | 小計 | 293 | 527 | 1,052 | 2,815 | 765 | 5,452 |
| 研究開発コスト | 環境に関わる研究開発費 | − | − | 11 | 839 | − | 850 |
| | 小計 | 0 | 0 | 11 | 839 | 0 | 850 |
| 社会活動コスト | 緑化費 | 34 | 39 | 167 | 181 | 12 | 433 |
| | 情報公開費 | 1 | 3 | 4 | 3 | 1 | 12 |
| | 社会貢献費 | 5 | 2 | 39 | 28 | 31 | 105 |
| | 小計 | 40 | 44 | 210 | 212 | 44 | 550 |
| 環境損傷コスト | 環境損傷に対応する費用 | 0 | 0 | 3 | 7 | 10 | 20 |
| | 小計 | 0 | 0 | 3 | 7 | 10 | 20 |
| 費用合計 | | 1,037 | 782 | 8,172 | 6,212 | 1,524 | 17,727 |
| コスト削減費 | 省エネ | 43 | 50 | 612 | 358 | 95 | 1,158 |
| | 廃棄物削減 | 109 | 64 | 2,333 | 175 | 198 | 2,879 |
| | 原材料量削減 | 19 | 13 | 1,232 | 435 | 51 | 1,750 |
| | その他環境保全コスト削減 | 5 | 11 | 1,671 | 88 | 2 | 1,777 |
| コスト削減益合計 | | 176 | 138 | 5,848 | 1,056 | 346 | 7,564 |
| みなし益 | 修復回避益 | 824 | 799 | 5,978 | 2,220 | − | 9,821 |
| | 規制達成法定費削減益 | 752 | 987 | 2,381 | 1,371 | 38 | 5,529 |
| | 宣伝・広告相当費 | 588 | 60 | 180 | 487 | − | 1,315 |
| みなし益合計 | | 2,164 | 1,846 | 8,539 | 4,078 | 38 | 16,665 |

第6章　環境会計の事例

管理活動コストですが，事業エリア内の環境保全コストとなんらかの関係をもっていると思われます。

いずれにしても今年度はプラスだからよかったなどと単年度で考えるのではなくて，数年間くらいの長いスパンで経過をみながら判断することです。

つぎにみなし益ですが，166億65百万円とかなり大きい金額が出ています。

これを単純に収益とみなしてしまうと誤解のもとになります。報告書でも注記されていますが，これは内部管理用の数字です。

すなわち，この対策を実行しなかったらこれだけのロスが発生したであろうという仮定の数字であり，実際に収益がキャッシュとして入ってきたわけではありません。さきのコスト削減益ではキャッシュ・フローでよい結果が出たことになりますが，それとは見方を変える必要があります。

みなし益に関しても環境庁の報告では開示が望ましいとされていますが，これも財務会計との大きい違いであることは認識しておきましょう。財務会計にはこのような収益の概念はありません。

この計算方法は決まった基準がなく，各社それぞれの方法でやっているようですから，それぞれの説明を注意深く読んで理解することが大切です。

総合的に同社の環境対策の費用と効果のおおまかな流れはわかります。環境庁の基準に従って環境会計を行い公表していることは評価できます。今後これをさらに充実したものとしていくことが期待されます。

## ❀ NEC 費用とコスト削減益の分析 ❀

### ＜費 用＞

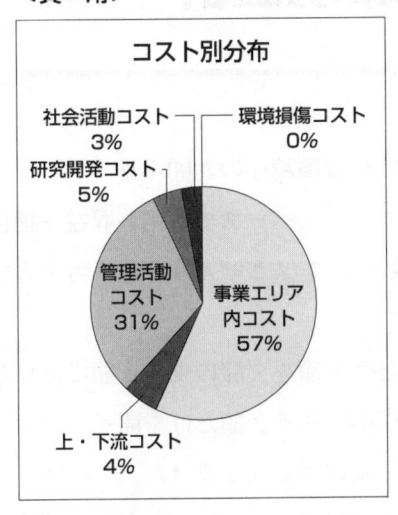

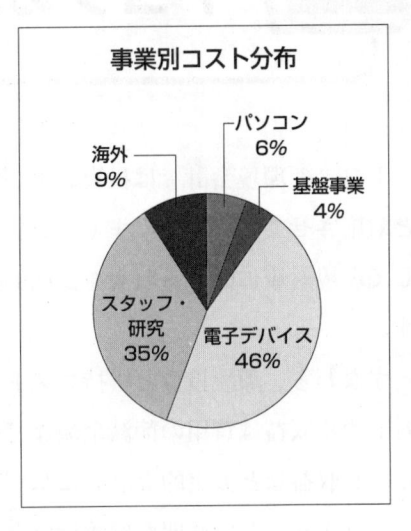

**コスト別分布**
- 社会活動コスト 3%
- 環境損傷コスト 0%
- 研究開発コスト 5%
- 管理活動コスト 31%
- 事業エリア内コスト 57%
- 上・下流コスト 4%

**事業別コスト分布**
- パソコン 6%
- 海外 9%
- 基盤事業 4%
- スタッフ・研究 35%
- 電子デバイス 46%

### ＜コスト削減益＞

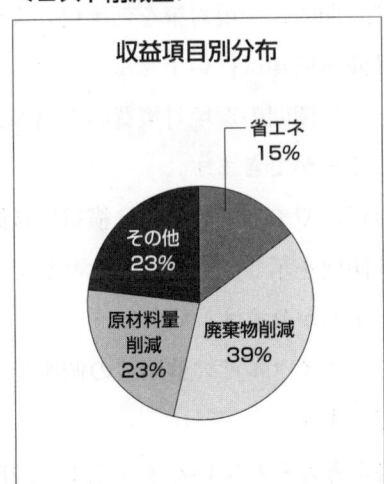

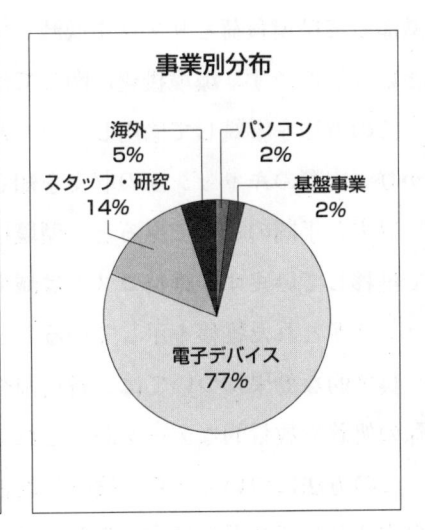

**収益項目別分布**
- 省エネ 15%
- その他 23%
- 原材料量削減 23%
- 廃棄物削減 39%

**事業別分布**
- 海外 5%
- パソコン 2%
- スタッフ・研究 14%
- 基盤事業 2%
- 電子デバイス 77%

第6章　環境会計の事例

## 62 トヨタの環境会計

　トヨタの環境会計では投資および費用は環境庁の2000年ガイドラインと対応させていますが，キャッシュフロー・ベースで費用と収益を把握して環境対策に関する収支を長期的にバランスさせようという考え方です。

　すなわち，環境投資と維持コストとの金額を実際の支出金額で計算し，対応する収益は費用の節減金額など根拠のある金額だけを開示します。みなし収益など仮定的な計算に基づく収益は算入しません。

　こうすることで必要な環境投資を先行して行い維持コストを累積的に減額して環境負荷とリスクを低減して長期的に環境対策を効率化しようというものです。環境投資に関しては減価償却は行いません。

　この方法を継続して適用していると，長期間の環境対策費の支出がわかり，実際のキャッシュの収支を知ることができます。

　過去3年間の資料で見ると，環境投資はやや増加もしくは横這い状態で推移していますが維持コストは減少傾向を示しており，全体としてバランスがとれた推移を示していることがわかります。

　具体的な効果については，省資源やリサイクルその他関連の個所で実際の処置や数量的なデータが示されています。

　この方法についてさらに検討・改善が考えられているようですが独自の方法として経過を見守ることです。

　環境報告書については第三者意見書が出されています。

## トヨタの環境会計の実績

### <環境コストの実績> (単位:億円)

| 区分 | 項目・内容 | | 97年度 | 98年度 | 99年度 |
|---|---|---|---|---|---|
| 維持コスト | 環境関連対策費用 | 廃棄物処理費用 | 21 | 21 | 20 |
| | | 廃水処理費用 | 11 | 10 | 10 |
| | 理解活動費用 | 広報・宣伝費等 | 70 | 36 | 40 |
| | 環境専任スタッフ費用 | 人件費 | 11 | 12 | 15 |
| | 賠償金等 | リコール対策費 | 0 | 10 | 0 |
| | 計 | | 113 | 89 | 85 |
| 環境投資 | 研究開発費<br>設備投資<br>その他<br>(リサイクル、ISO) | | 782 | 948 | 926 |
| | 合　計 | | 895 | 1,037 | 1,011 |

### <環境庁ガイドライン>

(1) 事業エリア内コスト
　① 公害防止コスト
　② 地球環境保全コスト
　③ 資源循環コスト
(2) 上・下流コスト
(3) 管理活動コスト
(4) 研究開発コスト
(5) 社会活動コスト
(6) 環境損傷コスト

### <環境投資に伴う経済効果>

| | | | |
|---|---|---|---|
| エネルギー費の節減 | | 114 | 132 |
| 廃棄物処理費用の節減 | | 18 | 25 |
| その他 | | 2 | 13 |
| 合　計 | | 134 | 170 |

# 63 イトーヨーカ堂の環境会計

　イトーヨーカ堂の1999年度の環境会計は26億5,000万円のコストメリットがあったことを示しております。これは効果30億7,410万円から経費4億2千680万円を差し引いたもので，このほかに主として省エネルギーを目的とした設備投資をしていますが，この分は含まれていません。投資にかかる減価償却費がどこに入っているかもわかりません。

　それでもこの報告を見ていると，小売流通業がどこにポイントをおいて環境対策を進めているかが推測できます。中でも目立つのが廃棄物の減量によるコスト削減効果として25億6千万円を計上しています。

　報告でも述べていますが，流通業では販売行為や物流活動そのものを効率化することが結果として環境対策となっていますから，総コストの中から環境関係分を抽出して分別することは難しいといえます。

　人件費についても同じことであり今回の報告には費用の中に含まれていません。

　1999年度の環境会計はそういう意味で明確に費用と効果を取り出すことができる項目についてのみ集計しています。

　効果としては省エネや廃棄物削減のほかに包装材料の節減やグリーン購入があります。

　流通業として特に注意すべき項目が含まれていますから，他の流通各社の環境会計を見るときにも参考になると思われます。

## 環境会計(除人件費)

(単位:千円)

| | 投 資 | 費 用 | 効 果 |
|---|---|---|---|
| 建築時の配慮 | | | |
| 省エネ設備 | 796,900 | 0 | 258,000 |
| 物流対策 | | | |
| 包装材対策 | 0 | 0 | 67,000 |
| グリーン購入 | 0 | 0 | 159,100 |
| 廃棄物減量化 | 0 | 366,800 | 2,560,000 |
| 社会活動 | 0 | 48,000 | 30,000 |
| コミュニケーション | 0 | 12,000 | |
| 合 計 | 796,900 | 426,800 | 3,074,100 |

効 果 3,074,100 − 費 用 426,800 = コストメリット 2,647,300

第6章 環境会計の事例

## 参考文献

環境保全コストの把握及び公表に関するガイドライン（中間とりまとめ）　平成11年3月　環境庁
環境会計システムの確立に向けて（2000年報告）　平成12年3月　環境庁
環境会計ガイドブック　平成12年3月　環境庁

環境報告書
　・リコーグループ環境報告書　2000
　・2000環境報告書　富士通
　・2000年シャープ環境報告書
　・エコレポート2000　アサヒビール
　・NEC環境アニュアルレポート2000
　・2000年環境報告書　トヨタ自動車
　・環境マネジメントレポート　イトーヨーカ堂

## 著者紹介

**岡　正熙**（おか　まさひろ）
1961年3月　東京大学法学部卒業
伊藤忠商事㈱，栗田工業㈱などを経て
現在中小企業診断士として執筆，講演，コンサルティングに従事。
主な著書
「企業のリスク新時代」（共著），「製造業のリスクマネジメント」（共著），「取引からすぐわかる勘定科目」，「会計ビッグバンに対応した経営分析入門」以上税務経理協会。「経理規定・経理マニュアルのつくり方」，「やさしくわかる国際会計基準」以上日本実業出版社。「有価証券報告書で危ない会社・伸びる会社がわかる本」，「付加価値分析」かんき出版，等。

**鈴木　洋一郎**（すずき　よういちろう）
1942年東京生まれ。中小企業診断士，一級販売士（販売士協会登録講師）。電電公社（現ＮＴＴ）を経て株式会社リコーに入社。情報・通信機器関連のマーケティング，サービスの企画・事業推進を歴任。現在，研究開発部門にてコンサルティング事業の立ち上げを推進中。また，中小企業診断士として，情報管理，ＳＣＭ（サプライチェーンマネジメント），診断事例，流通問題，商事法，酒類業などの各研究会に所属し，環境問題を含めて幅広い研究成果の発表や活動を行っている。

---

著者との契約により検印省略

平成13年2月15日　初版発行

**環境会計入門**

| | |
|---|---|
| 著　者 | 岡　　正熙 |
| | 鈴木　洋一郎 |
| 発行者 | 大坪　嘉春 |
| 製版所 | 株式会社ムサシプロセス |
| 印刷所 | 税経印刷株式会社 |
| 製本所 | 株式会社三森製本所 |

発行所　東京都新宿区下落合2丁目5番13号　株式会社 税務経理協会
郵便番号 161-0033　振替 00190-2-187408　電話 (03) 3953-3301 (編集部)
FAX (03) 3565-3391　　　　　　　　　　(03) 3953-3325 (営業部)
URL http://www.zeikei.co.jp
乱丁・落丁の場合はお取替えいたします。

© 岡　正熙・鈴木　洋一郎 2001　　Printed in Japan

本書の内容の一部又は全部を無断で複写複製（コピー）することは，法律で認められた場合を除き，著者及び出版社の権利侵害となりますので，コピーの必要がある場合は，予め当社あて許諾を求めて下さい。

ISBN4-419-03704-0　C2034

取引からすぐわかる
# 勘定科目

岡　正熙　著

---

四六判・並製カバー掛け・200頁
定価　1,470円（本体　1,400円）

---

◆　本書の特色

実際に発生しそうな具体的な取引例を表示して、それからどの勘定科目になるかを逆に決定できるようにしているので、経理の知識がない人でも、簡単に仕訳ができるようになります。

---

税務経理協会・刊

# 会計ビッグバンに対応した
# 経営分析入門

岡　正熙　著

Ａ５判・並製カバー掛け・160頁
定価　1,470円（本体　1,400円）

◆　本書の特色

会社の「数字」を経営に生かせるかどうかは、経営者や管理職の手腕です。デキる経営者になるための「数字」の読み方を初歩から丁寧に解説し、経営に役立つように構成されています。

税務経理協会・刊

# 環境会計と情報開示

## 鈴木　幸毅　責任編集

A5判・上製カバー掛け・200頁
定価　3,150円（本体　3,000円）

◆　本書の特色

企業の環境保全のために支出した投資・費用と、それによる環境効果について貨幣単位をもって評価し、企業の内部および外部に伝達・報告する行為としての環境会計の全容を明らかにした労作

税務経理協会・刊